PÈLERINAGE JUBILAIRE

DE

BORDEAUX A ROME

1900

Par le COLONEL PRÉVOT

Officier de la Légion d'Honneur
Chevalier de Notre-Dame de Guadalupe de Mexico
Commandeur de l'Ordre de S. S. Pie IX
Pèlerin de Terre-Sainte 1890-93-96

> ROME, telle que le christianisme l'a faite, est la ville des âmes. Elle a une langue que toute âme peut entendre; mais l'esprit séparé de l'âme ne l'entend point.
>
> Louis VEUILLOT
> (*Les Parfums de Rome*)

BORDEAUX
IMPRIMERIE NOUVELLE DEMACHY, PECH ET Cie
18-20, rue Gouvion, 18-20

1900

PÈLERINAGE JUBILAIRE

DE

BORDEAUX A ROME

1900

PÈLERINAGE JUBILAIRE

DE

BORDEAUX A ROME

1900

Par le COLONEL PRÉVOT

Officier de la Légion d'Honneur
Chevalier de Notre-Dame de Guadalupe de Mexico
Commandeur de l'Ordre de S. S. Pie IX
Pèlerin de Terre-Sainte 1890-93-96

> ROME, telle que le christianisme l'a faite, est la ville des âmes. Elle a une langue que toute âme peut entendre; mais l'esprit séparé de l'âme ne l'entend point.
>
> Louis VEUILLOT
> *(Les Parfums de Rome)*

BORDEAUX

IMPRIMERIE NOUVELLE DEMACHY, PECH ET Cie
18-20, rue Gouvion, 18-20

—

1900

DÉDICACE

A Monseigneur BERBIGUIER, *Vicaire Général, Protonotaire Apostolique, je dédie très respectueusement le récit du Pèlerinage jubilaire de Bordeaux à Rome, 1900, que nous venons d'accomplir sous sa haute direction et dont tous les pèlerins lui conserveront un souvenir de profonde reconnaissance.*

COLONEL PRÉVOT

Bordeaux, 15 août 1900.

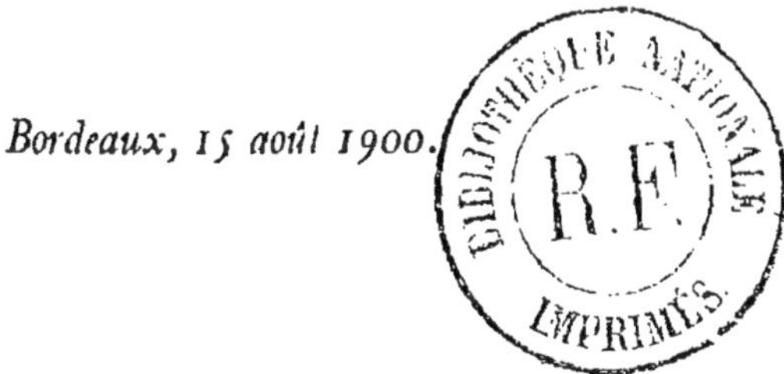

PÈLERINAGE JUBILAIRE

DE

BORDEAUX A ROME

1900

CHAPITRE PREMIER

S'il fallait une grande éloquence pour oser reproduire les impressions que tout vrai catholique ressent à son retour de Rome, lorsqu'il en a vu les splendeurs et goûté toutes les religieuses beautés; lorsque, dans une audience que le Souverain Pontife a daigné lui accorder, il a entendu, de cette voix auguste, quelques paroles tendrement affectueuses suivies d'une paternelle bénédiction : nul n'oserait essayer de traduire les sentiments qui animent son cœur. Et cependant, le cri de sa filiale reconnaissance s'impose, et lui fait un devoir de crier : « Vive l'Église catholique, apostolique et romaine ! et vive le Pape ! son chef vénéré ! »

C'est donc ce cri enthousiaste qu'un cinquième séjour à Rome fait sortir de mon cœur, et que traduit ma plume, non éloquente, mais sincère et convaincue.

A la voix du Pontife romain, **Léon XIII**, appelant autour de son trône tous ses fils soumis, pour y recevoir les bienfaits de l'indulgence jubilaire, qu'il avait accordée, nous avons répondu par notre présence. Nous avons salué **Rome**, Ville éternelle et sainte. Nous nous sommes prosternés aux pieds de ce vieillard, représentant de Dieu sur la terre ; de ce Roi désarmé, qui parle à l'Univers, et auquel l'Univers répond. Et, autour de ce trône, attirés comme nous par un même élan de foi, par un même sentiment de soumission et d'amour pour le Chef de l'Église catholique, apostolique et romaine, nous avons vu les représentants des peuples les plus divers, accourus des extrémités du monde, agenouillés comme nous, acclamant comme nous le Pontife vénéré, et recevant sa bénédiction apostolique.

A cette bénédiction est jointe une indulgence plénière, étendue à tous nos parents jusqu'au troisième degré, dont nous étions, à Rome, les délégués et les représentants auprès du Successeur de Pierre.

Tout Rome, pour nous, était contenu en cela : car notre piété était satisfaite, notre foi affermie et nos cœurs inoubliablement réconfortés.

C'est le récit de ce pèlerinage que je me propose de faire, non pour la publicité, mais pour la satisfaction des miens, de mes bien-aimés compagnons de route, de nos amis, et pour conserver moi-même le souvenir de ce doux, mais trop court séjour dans cette Rome que nos cœurs chrétiens aimeront éternellement.

Si l'insuffisance de ma narration n'a pas su faire partager mes sentiments aux lecteurs qui me feront l'honneur de me lire, ils n'en doivent attribuer le résultat qu'à la sublimité du sujet que je traite et à la médiocrité du peintre qui a essayé d'en faire le tableau.

Dans sa Lettre encyclique sur la consécration du genre humain au Très Saint Cœur de Jésus, Notre Très Saint Père le Pape, **Léon XIII**, ordonnait qu'un Jubilé serait célébré à Rome, pendant l'année 1900, et, l'année suivante, serait étendu au reste de la catholicité. De toutes parts se manifestèrent les désirs de se rendre à Rome pour y obtenir, dès cette année, les grâces de ce Jubilé, en satisfaisant, du reste, à toutes les obligations imposées pour cela.

S. Ém. le cardinal **Lecot**, archevêque de Bordeaux, primat d'Aquitaine, fut un des premiers à répondre aux intentions du Souverain Pontife, et annonça un pèlerinage diocésain à Rome.

Mgr **Berbiguier**, vicaire général, fut chargé de l'organisation du groupe.

Beaucoup de catholiques du diocèse se firent inscrire au secrétariat de l'Archevêché. La date du départ fut fixée au 16 avril suivant.

Une première réunion des pèlerins eut lieu le lundi 16 avril, à quatre heures de l'après-midi, dans la chapelle des Sœurs de la Présentation de Tours. On y récita les prières liturgiques, dites de l'Itinéraire.

Puis, M. le Directeur commença à entrer en communication avec ses pèlerins, par quelques avis pieusement écoutés. Il nous engagea à bénir Dieu, qui nous avait inspiré la pensée de ce pèlerinage; fit remarquer que « pour » quelques pèlerins, qui avaient dépassé le » milieu de la vie, ce Jubilé serait une pré- » paration solennelle à l'Éternité, et que, » pour d'autres, plus nombreux encore, à la » fleur de l'âge, il serait un souvenir embaumé » pour le reste de leurs jours ».

La bénédiction du Saint Sacrement termina la cérémonie.

A cette sorte de veillée des armes, mise sous la protection du Ciel, il me sembla que nos Croisés des deux sexes dépassaient la centaine. Le sexe pieux paraissait y être en majorité, comme les compagnies d'élite dans un bataillon bien composé. D'assez nombreux ecclésiastiques formaient l'état-major des directeurs. Leurs noms, très connus du reste, autant que leurs mérites, s'imposaient à la vénération de tous. Je ne puis résister au plaisir de citer ceux dont ma mémoire a conservé le souvenir.

J'ai nommé Mgr **Berbiguier**, notre directeur général, destiné à revenir, sous peu, décoré par le Souverain Pontife de la plus haute prélature romaine; M. le chanoine **Izans**, curé de Saint-Louis, tellement cher à ses paroissiens, que la moitié de ses ouailles, y compris son *alter ego*, M. l'abbé **Cazalas,** s'étaient attachés à ses pas et allaient le suivre jusqu'à Rome; M. le chanoine **Mestivier**, vénérable aumônier du Sacré-Cœur; M. le chanoine **Balestard**, aumônier de l'hôpital Saint-André, chanteur et compositeur émérite; M. l'abbé **Darquier**, aumônier du Dépôt de Mendicité, où sa charité et son zèle font des merveilles; M. l'abbé **Grauleau**, maître de chapelle et vicaire à Saint-Éloi, musicien distingué.

Citons encore, parmi les célébrités, un chanteur très justement apprécié de notre Primatiale bordelaise : M. l'abbé **Sursol,** chanoine. Il apporta si magnifiquement le concours de sa belle voix à toutes nos solennités, qu'on ne sait vraiment en quel ton majeur il convient de louer son talent et de reconnaître son obligeance. M. **Bouquin,** le digne curé de Rochefort, accompagné de son respectable père, était aussi parmi nous.

Enfin, à l'admiration due au caractère, s'ajoute ici la reconnaissance due aux services rendus à tout le pèlerinage; mentionnons donc M. l'abbé **Castaing,** — un débrouillard, dirait un soldat, — et son aide subsidiaire, M. l'abbé **Chiron.**

Je ne saurais, sans injustice, omettre de mes citations reconnaissantes MM. les abbés **Lombard,** curé-doyen de Blanquefort, copèlerin de Jérusalem, et **Arné** et **Beausoleil.** Ceux-ci, mes compagnons de route dans le compartiment n° 13, au chiffre fatidique, ont apporté à l'élément laïque *dei fumatori,* représenté par MM. **Bourrec, Saint-Gassies** et le très serviable M. **Stouff,** représentant de l'AGENCE LUBIN, le feu plus lumineux encore de leur conversation.

Mais la liste, déjà un peu longue, de mes citations cléricales, resterait incomplète, si j'omettais de mentionner un poète, M. l'abbé **Lewden**, qui nous tenait en réserve, pour être dites dans une mémorable circonstance, les strophes qu'on lira plus loin.

*
* *

Et les dames pèlerines, me disait-on, il y a quelques jours, n'en parlerez-vous pas? Oh! shocking!... On ne nomme pas les dames. La modestie qui les abrite contre toute indiscrétion de « reporter » est une auréole qu'il ne faut pas percer; leurs mérites seuls les dénoncent suffisamment à l'admiration chrétienne de leurs co-pèlerins, autant que les magnifiques voix de leur *Schola* féminine, qui a rehaussé si souvent l'éclat de nos cérémonies pieuses, leur assurent le plus sympathique de nos souvenirs.

Du reste, pour la satisfaction de tous, la liste complète des pèlerins se trouve à la fin de ce récit. Quant à l'élément masculin et laïque, il ne jouit d'aucune pénombre.

J'ai déjà nommé mes compagnons de route : MM. **Bourrec, Saint-Gassies** et **Stouff,** le serviable représentant de l'AGENCE LUBIN;

tous fumeurs intrépides, disciples convaincus de celui qui a écrit :

> Quoi qu'en dise Aristote et sa docte cabale,
> Le tabac est divin ; il n'est rien qui l'égale.

Ces messieurs avaient cependant des qualités moins nuageuses que celle-là : aussi conserverai-je le meilleur souvenir de leur urbanité.

Le doyen de l'élément laïque était le marquis **de Castelnau,** un vigoureux octogénaire, qui va me fournir encore une réminiscence classique dont, à l'époque de ma prime jeunesse, je ne soupçonnais pas la contre-partie :

« La valeur n'attend pas le nombre des années », nous disait-on alors ; je puis ajouter aujourd'hui que le nombre des années n'éteint pas la valeur, ni la vigueur chez les chrétiens aussi bien trempés que notre doyen de pèlerinage.

Après lui venaient M. **Dupuy** et son jeune fils ; le comte **de Pontac** ; MM. **Promis**, Gabriel **Holagray**, **Laboual**, Louis **Clavières**. D'autres encore, car je cite de mémoire, n'ayant pris aucune note durant le trajet. Tous gentlemen distingués et chrétiens convaincus.

LE DÉPART

Mais l'heure du départ va sonner : c'est ce soir, 16 avril, lundi de Pâques, à 10 h. 50, qu'un train de chemin de fer doit nous emmener.

Exacts au rendez-vous, chacun de nous arrive bien avant l'heure fixée, revêtu d'un costume de voyage, moins la canne à la main et la ceinture au corps, comme les Israélites quittant l'Égypte, mais traînant sa valise. On s'aperçoit, on s'aborde, l'intimité commence ; le sort va la compléter en assignant à chacun une place dans un compartiment numéroté d'avance. Les dames ensemble, les messieurs réunis.

A peine installés, un premier échange de politesses fait bien augurer du voyage et du choix de ses compagnons.

Mais le sifflet strident se fait entendre : les employés s'agitent, les portières des voitures sont fermées avec bruit; quelques accompagnateurs des partants échangent leurs derniers adieux; nos sous-directeurs, longeant le train, s'assurent au galop de la présence de tous... All right!... En avant! Dieu le veut! Dieu le veut! Allons à Rome! Un jour, peut-être, nous irons à Jérusalem.

A peine assis, et les bagages de chacun logés, les colloques commencent. Longtemps animés, ils s'éteignent peu à peu. Plusieurs signes de croix, esquissés dans la demi-clarté projetée par la lampe, et quelques doigts égrenant des chapelets, leur succèdent. Et le train file, file, file, à toute vitesse. Les stations disparaissent sans arrêts et sans que personne s'en occupe. Malgré l'heure avancée et les efforts résolus de chacun pour appeler le sommeil, le sommeil tarde à venir, pour la plupart.

Mais enfin ce sommeil, suivi d'un doux repos,
Laisse tomber sur nous ses tranquilles pavots.

La Réole, Marmande, Agen, Montauban, Toulouse, annoncés, frappent vaguement nos oreilles, ou nous bercent de souvenirs lointains, agréablement rappelés à nos esprits. Puis tout rêve s'achève : nous n'avons plus conscience des autres localités franchies, jusqu'au moment où les premières clartés du jour éveillant les plus alertes, l'escouade entière ouvre les yeux, et les conversations reprennent bruyamment.

Apparaît Castelnaudary, au souvenir de guerres. Les érudits nous apprennent que, détruite par les Goths ariens, au cinquième siècle, la ville fut rebâtie sous le nom de *Castellum Novum Arianorum*, d'où dérive, par corruption, son nom moderne.

Carcassonne, malgré ses clochers gothiques et ses hautes murailles, n'évoque qu'une réminiscence du chansonnier Nadaud... Il est vrai que les monts des Corbières, arides et dénudés, et la plaine au sol rocailleux, sollicitent peu notre admiration.

Il n'en est pas de même de Béziers, où la fertilité des cultures, arrosées par le canal du Midi, fait un heureux contraste.

Vers 7 h. 30 nous arrivons à Narbonne. — Cinq minutes d'arrêt. — Première halte indiquée par l'itinéraire, avec appât d'une tasse de café noir, préparée au buffet de la gare, par les soins de l'Agence Lubin.

Cette petite réfection, première entrée en matière avec ladite agence, fut accueillie avec satisfaction par les personnes qui avaient traité avec elle, parce qu'elle avait l'avantage de nous dispenser, pendant la durée du voyage, de toute préoccupation relative aux repas, aux logements et aux transports, à chaque arrivée au gîte : l'acquit de chacune de ces choses devant être soldé par la remise d'une petite feuille, extraite d'un carnet délivré par l'agence, contre le versement préalable d'une somme de 250 francs.

Le prix des places, en chemin de fer, Rome, Naples et retour, était, en première classe, de 268 francs ; en seconde, de 187 francs.

Une trentaine de pèlerins avaient cru préférable de conserver leur indépendance et d'assurer directement leur subsistance, et le reste, comme ils l'eussent fait en voyageant isolément. Je n'ai pas à émettre d'opinion à cet égard, mais l'expérience personnelle que j'ai faite des deux manières de voyager en temps de grande affluence, ne peut que m'engager à me confier à nouveau aux bons soins de l'Agence Lubin. S'il en résulte une légère augmentation de dépense, elle est largement compensée par la décharge de toute sollicitude matérielle.

Cependant j'en excepte les personnes qui, sûres de trouver à Rome le gîte et la table, soit dans une maison particulière ou dans une maison religieuse, ne traitent avec l'Agence Lubin que pour la durée du voyage seulement.

Repartis de Narbonne, après la très courte halte nécessitée par l'absorption rapide de cet avant-goût de notre déjeuner, nous arrivons à Cette à 9 h. 15, ayant suivi les rivages joyeux de la Méditerranée. Un nouvel aperçu de déjeuner nous y attendait. Mais, nous attendait aussi un transbordement de nos personnes et de nos bagages, de la ligne du Midi à celle de P.-L.-M. (Paris-Lyon-Méditerranée).

A 10 h. 33, nous étions installés à nouveau dans des voitures plus confortables que celles que nous occupions précédemment, et notre train partait, se dirigeant vers Montpellier.

Le département de l'Hérault, dont nous longions la partie méridionale, est fort accidenté et présente surtout le coup d'œil de nombreux étangs, lagunes et marais salants, mais aussi de belles et d'abondantes cultures de vignes, d'oliviers et de mûriers. A 11 h. 17, nous arrivions à Montpellier.

Dans cette belle ville, nous faisons un arrêt de quelques heures, ce qui nous laisse la possibilité, après avoir déjeuné dans un hôtel très confortable, de visiter les principales églises, car, en vrais pèlerins, nos visites commençaient toujours par là.

Montpellier est la patrie de saint Roch. Comme nous, il fut pèlerin de Rome, au quatorzième siècle. Une église de la ville lui est dédiée.

Tous nos pèlerins ne manquèrent pas d'aller voir la belle promenade du Peyrou ; son château-d'eau, alimenté par diverses sources, au moyen d'un très bel aqueduc ; son jardin botanique, sa belle citadelle. Le tout constituait déjà pour moi de très anciennes connaissances.

En route vers Nîmes, où nous arrivons assez tôt pour pouvoir satisfaire aussi notre curiosité de touristes-pèlerins.

Nous allons donc visiter ses belles arènes ; petites si on les compare au Colisée de Rome, mais magnifiques cependant, et bien conservées. La Maison Carrée, ancien temple romain, servant aujourd'hui de riche musée. La belle fontaine allégorique, ouvrage de Pradier (décédé en 1852) qui orne la grande place des Arènes. Et tout le reste, enfin : splendides campagnes environnantes ; magnifiques boulevards ; très belles promenades ; riche jardin botanique, et églises gothiques qui invitent à la prière.

Notre patrie française est vraiment belle. Un pape l'a proclamée le plus beau des royaumes, après celui du ciel.

Et un poète, chantant les vertus hospitalières de ses habitants, a écrit ce vers :

Tout homme a deux pays !... le sien et puis la France !

Mais, trêve à nos admirations : Tarascon nous attend, non seulement pour nous offrir un dîner, que le grand air et l'activité vont rendre nécessaire, mais pour y faire une station pieuse, dont je donnerai le détail bientôt.

Il nous reste la fin d'une belle journée pour admirer les riches campagnes que nous parcourons; c'est la haute Provence, avec sa fertile végétation; mais aussi avec son mistral, qui, en ce moment, souffle avec violence. Nous traversons le Rhône, qui sépare Beaucaire de Tarascon, où nous arrivons à 7 h. 34.

Tarascon possède deux curiosités historiques que nous n'eussions pas dédaigné d'aller voir en temps ordinaire : c'est le château du roi René d'Anjou, roi de Sicile et de Jérusalem.

Celui que ses sujets ont surnommé « le bon roi », en reconnaissance de la bonté et de la justice de ses actes; nom que l'histoire lui a conservé, comme elle a conservé aussi d'assez nombreuses poésies que ce roi, poète et musicien, avait composées.

L'autre est le tombeau de saint Remi. — Est-ce ce saint Remi, évêque de Reims, qui, en l'an 495, baptisa Clovis, premier roi de France, converti au christianisme par Clotilde, son épouse? Nous ne pûmes vérifier ce fait, assez obscur du reste, puisque saint Remi, évêque de Reims, mourut dans sa ville archiépiscopale, en l'an 533, et fut enterré dans l'église Saint-Christophe.

Il existe à Saint-Remi, l'ancienne *Glanum*, à quinze kilomètres d'Arles, un superbe mausolée que l'on nomme tombeau de saint Remi ; c'est un présent que Clovis fit au célèbre archevêque de Reims. Dès cette époque l'ancienne Glanum prit le nom de Saint-Remi.

Mais ce que nous désirions vénérer, malgré l'obscurité qui commençait, c'était le tombeau de sainte Marthe, et les reliques de cette sainte, pieusement conservées dans l'église qui porte son nom.

Au risque d'arriver tard pour notre dîner, nous nous précipitons, j'entends les plus ingambes, à travers les rues de Tarascon, mal éclairées et tortueuses; pavées de ces cailloux glissants et pointus, que fournit le lit du Rhône. Notre visite avait été annoncée par notre Directeur : un obligeant vicaire de la paroisse conduit l'avalanche. Nous arrivons ainsi à la belle église Sainte-Marthe, brillamment illuminée pour nous recevoir. De nombreuses jeunes filles tarasconnaises, portant la gracieuse coiffure du pays, nous attendaient. Leurs belles voix nous saluent par un chant religieux. On s'agenouille, on prie. M. le Vicaire général se lève et, avec une émotion communicative, il nous dit la sainteté du lieu, la multitude des pèlerins qui y ont prié. Il excite notre confiance. Dès qu'il a cessé de parler, la voix de M. **Sursol** s'élève et nous fait entendre l'*Hymne à la nuit*, écouté dans le plus profond recueillement. Puis on descend dans la crypte, où se trouve le tombeau de la sainte, et aussi une belle statue en marbre blanc, dont nous baisons les mains avec une grande piété, ces mains qui ont servi Notre Seigneur.

Pèlerin de Jérusalem, il nous était personnellement doux de venir vénérer une cinquième fois les reliques de cette hôtesse de Jésus, dont nous avions vu la demeure à Béthanie.

Marthe et Marie-Magdeleine demeuraient avec Lazare, leur frère, dans ce bourg, situé un peu au delà de la montagne des Oliviers.

Saint Luc, au chapitre VII de son évangile, et saint Jean, au chapitre XI, nous disent comment Jésus se plaisait à venir se reposer en ce logis, dont il aimait les habitants. C'est de là que le Sauveur nous donna ce court enseignement, qui renferme cependant toute la destinée humaine : *Unum est necessarium* (saint Luc, x, 42).

Après la mort de Jésus, à laquelle assista Marie-Magdeleine, ainsi que beaucoup de courageuses femmes (saint Marc, xv et xvi), nous ne savons plus rien de bien certain concernant Marie-Magdeleine, Marthe et leur frère Lazare.

Certains auteurs grecs disent que Marie-Magdeleine suivit la sainte Vierge et saint Jean à Éphèse, en Asie Mineure, où la sainte Vierge mourut. Cette opinion est justement contestée, puisque la tradition rapporte qu'après la mort de son fils Jésus, la sainte Vierge alla habiter avec saint Jean dans une maison qu'il possédait à Jérusalem, et qu'elle y vécut, pendant vingt-quatre ans, où, âgée de soixante-douze années, elle mourut. Cette maison qui, depuis, fut appelée « de la Dormition », a été de tout temps l'objet de la vénération des chrétiens, autant que le tombeau où reposa un instant le corps de la divine Mère de Jésus après son ensevelissement.

D'autres auteurs prétendent que la sainte Vierge, ayant vécu auprès de saint Jean, à Éphèse, pendant seize ans, revint à Jérusalem, où elle mourut. Cette dernière version se rapprocherait davantage de l'opinion commune qui fait vivre et mourir la sainte Vierge à Jérusalem.

Marie-Magdeleine, Marthe et Lazare jouissaient d'une grande réputation, tant en Galilée, d'où leur famille était originaire, qu'en Judée. Ils possédaient aussi de grandes richesses. Le nom de Magdala, ajouté à celui de Marie, lui venait de la propriété du grand bourg de Magdalon, situé sur les rives du lac de Génésareth, en Galilée, qui lui appartenait.

Libre de ses actes, et disposant d'une grande fortune, dès sa jeunesse, Marie en fit un mauvais usage et devint cette « pécheresse » possédée de sept démons, qu'à sa prière humble et fervente, Jésus chassa loin d'elle. Elle avait alors trente ans, étant née le même jour que le Sauveur.

Après la mort de Jésus, la famille de Béthanie devint l'objet de la persécution des Juifs ; elle résolut de quitter le pays pour aller de par le monde, à la conquête des âmes. Elle vendit ses biens et en mit le prix aux pieds des apôtres (1).

Ou encore est-on amené à croire que, chassés par les Juifs, à raison des miracles qu'ils faisaient, et des conversions qu'ils opéraient, ils furent embarqués de force, ainsi que quelques chrétiens, entre autres Marcelle, servante de Marthe et Marie ; Martial et Maximin, « dans un méchant et triste vais-» seau tout viel et tout cassé, sans mât, sans

(1) *Légende dorée,* Jehan Réal.

» tymon et sans rame, et lancés en pleine
» mer, avec l'espoir de les faire mourir » (1).

Ils vinrent aborder miraculeusement à l'une des embouchures du Rhône, qui s'appelle encore aujourd'hui les Saintes-Maries, ou Notre-Dame de la Mer.

Ce furent les premiers apôtres de France.

Je ne continuerai pas ce récit; j'engage le lecteur à faire une visite à la Sainte-Baume et à Saint-Maximin, près de Brignoles (Var), où des religieux de l'ordre de Saint-Dominique gardent le tombeau de sainte Marie-Magdeleine. Entre autres reliques on y conserve, dans une armoire de fer, la tête de la sainte.

Quoique dépouillée de sa chair, cette tête est d'une régularité calme et majestueuse, qui inspire le respect. Les orbites, larges et profondes, indiquent que la sainte possédait une grande beauté.

C'est dans cette solitude que Marie-Magdeleine vécut pendant trente ans, livrée aux austérités de la plus rigide pénitence, après avoir, en union avec sainte Marthe, sa sœur, et saint Lazare, évangélisé toute la Provence et la ville de Marseille, dont Lazare devint le premier évêque.

(1) *Histoire et chroniques* de César Nostradamus, p. 27.

Marseille comme Tarascon, Arles, Avignon, Aix, et jusqu'à Toulon, ont élevé plusieurs églises en l'honneur des hôtes de Béthanie, «que Jésus aimait».

Saint Lazare, après avoir exercé les fonctions de l'épiscopat pendant trente ans, mourut martyr. Par ordre du proconsul romain, il eut la tête tranchée. Cette insigne relique est conservée dans la cathédrale de Marseille. Saint Martial devint évêque de Limoges. Saint Maximin donna son nom à la petite ville qu'il avait évangélisée, et devint évêque d'Aix.

Marthe, par la sainteté de sa vie, se concilia l'amour et l'admiration de toute la Provence. Elle accomplit de nombreux miracles, et l'un d'eux, dont le souvenir est encore pieusement conservé à Tarascon, est d'avoir délivré les habitants des environs d'Arles d'un monstre effrayant, qui leur causait de grands maux.

Marthe, persuadée que ce qu'on lui demandait pouvait contribuer à la propagation de la foi, se rendit, à la prière des habitants, dans la forêt où se trouvait le monstre ; elle fit sur lui le signe de la croix et lui jeta de l'eau bénite, ce qui lui ôta tellement ses forces, qu'elle put le lier avec sa ceinture et l'amener au milieu de la ville, où les habitants le tuèrent. En mémoire de ce prodige, la ville qui s'est élevée en cet endroit prit le nom de

Tarascon (du mot *tarasque :* chose horrible, en langage du pays).

Le 29 juillet de chaque année, on célèbre à Tarascon cette heureuse délivrance, en promenant dans les rues une machine représentant un dragon qu'on nomme « Tarasque ».

Comme sainte Marie-Magdeleine, sainte Marthe termina sa vie dans la pratique des plus grandes austérités. Sentant sa fin venir, elle se fit étendre sur la terre nue, pendant qu'on lui lisait le récit de la mort du Sauveur.

Son corps repose dans l'église où nous avons vu son tombeau.

Malgré la longueur de ce récit, je ne puis résister au plaisir de faire encore un emprunt à la *Légende dorée* de Jean Réal *(Chroniques)*.

..... « Par la volonté de Dieu ils vinrent à
» Marceille et là ne peurent trouver qui les
» voulsist recevoir en son hostel. Si demou-
» rerent soubz un porche qu'estoit devant un
» temple de la gent de celle de terre, et quand
» la dévote Marie-Magdelaine veit la gent
» assemblée en ce temple pour sacrifier aux
» ydoles, elle commença à langue diserte et
» bien parlant à prescher Jésus-Christ et à
» les retraire du cultivement des ydoles ».

Repartis de Tarascon, à 9 h. 53 du soir, nous franchissons Arles, aux belles arènes romaines, et une partie du département des

Bouches-du-Rhône, sans rien voir, cherchant à appeler un sommeil réparateur, nécessité par une seconde nuit passée en chemin de fer ; problème toujours un peu difficile. Mais nous allons avoir des compensations : au point du jour de la matinée du mercredi 18, un soleil radieux nous laisse voir Toulon, Fréjus, Cannes, Antibes, le beau golfe Juan ; toute la côte de la Méditerranée, coupée de baies, de criques, d'îles et de ports ; pendant qu'à notre gauche nous apercevons les luxuriantes végétations qui bordent le chemin de la Corniche.

C'est ce qu'on nomme la côte d'Azur. Nous arrivons ainsi à Nice, où nous devons faire une halte de deux heures. Après un petit déjeuner, nous nous répandons dans la belle ville de Nice, capitale des Alpes-Maritimes, port fortifié au pied des Alpes. Très souvent prise, ou perdue pour la France, elle est devenue enfin sa propriété depuis l'année 1860.

Tous ceux qui ont voyagé pour leur plaisir connaissent Nice, ville de luxe, renommée pour son beau climat et la magnificence de ses environs, où tous les arbres odoriférants croissent en pleine terre.

O Nice ! heureux séjour, montagnes renommées,
De lavande, de thym, de citrons parfumées.

(Delille.)

Après, ou plus exactement, avant d'avoir visité la ville et parcouru rapidement ses belles rues et la promenade dite des Anglais, nous faisons une halte dans l'église Notre-Dame : nos prêtres s'y sont rendus en grand nombre et disent la messe à tous les autels.

Déjà la transition entre nos églises gothiques, à architecture ogivale, ornées de beaux vitraux, et les églises italiennes, surchargées de dorures, s'accuse. Il semble que nos églises disposent mieux au recueillement que celles-ci, malgré leurs beautés relatives.

Mais le besoin d'avoir des nouvelles du pays se fait sentir : les marchands de journaux abondent : vraiment l'activité humaine est prodigieuse, autant que les moyens de communications et la transmission de la pensée. A Nice, à 880 kilomètres de Paris, et plus encore de Londres, ou de toute autre grande ville, dès le matin, à son réveil, on peut trouver à acheter la feuille qu'on a coutume de lire. — C'est le cas de dire : « Il n'y a plus de Pyrénées. »

Je me munis de quelques feuilles bordelaises, et me rends à la gare du chemin de fer, pour continuer notre trajet et nous diriger sur Vintimille, frontière italienne.

Il est huit heures et demie du matin : par une faveur dont nous sommes grandement reconnaissants au ciel, le temps continue à être splendide. Voilà bien ces contrées embaumées, où l'homme a peu fait, dit Ozanam, et où le cœur chrétien ne veut voir que les œuvres de Dieu.

« Vraiment, Dieu n'est pas seulement le » grand législateur, le grand géomètre; il est » aussi le grand artiste. Il est l'auteur de » toute poésie; il l'a répandue à pleines mains » dans la création, et s'il a voulu que le » monde fût bon, il l'a aussi voulu beau (1). »

Si j'étais poète ou chanteur, comme notre admirable interprète de l'*Hymne à la nuit*, j'entonnerais un cantique au soleil; mais il serait long, car de Marseille à Naples, l'astre radieux n'a cessé de nous caresser de ses doux rayons.

Le bon Dieu cependant n'a pas voulu tout donner à l'Italie; il a conservé une belle part pour la France.

Après Villefranche, et son beau port couvert de bateaux pêcheurs, apparaît Monaco, petite principauté enclavée dans notre département français. Lieu de luxe et de perdition, qui a vu crouler bien des fortunes de riches prodigues, ou les économies de pauvres écervelés, et amené le renchérissement des

(1) Ozanam, *Au pays du Cid*.

revolvers par l'usage que les décavés du tapis vert en ont fait.

Je me rappelle avoir traversé Monaco, il y a quelques années, voyageant en Italie, et, par curiosité, avoir visité son Casino. Au centre de jardins beaux comme les jardins d'Armide, trône un magnifique établissement offrant tout ce qui peut tenter un désœuvré: vastes salons richement meublés, belle bibliothèque, tables encombrées d'albums et d'illustrations ou de journaux divers. Puis, d'un orchestre dissimulé par des tentures, partent en sourdine les accents d'une musique dite de chambre, harmonieuse et douce, qui porterait à la rêverie si l'attention n'était pas attirée par un bruit métallique venant d'une grande salle voisine. Là on aperçoit, courbés sur de grandes tables, plusieurs rangées d'hommes bien vêtus, mais d'un aspect indéfinissable, qu'une passion seule a pu réunir. Ce sont des joueurs de jeux de hasard, surveillés par des employés impassibles et froids qui règlent eux-mêmes la marche du jeu. Devant chaque joueur ou joueuse, car il y a parmi eux quelques femmes, en costume de ville, d'un aspect indéfinissable aussi, sont entassés des pilots d'or ou d'argent.

Tous ces joueurs, tenant à la main une raclette, semblent fascinés, hypnotisés par la vue de ces tas d'or et d'argent, qui tout à coup disparaissent pour faire place à d'autres. Mais, chose étrange, tout cela s'accomplit silencieusement, à demi-voix. Quelques joueurs se lèvent; d'autres qui, placés derrière eux, semblent attendre leur tour, les remplacent sans bruit, et le jeu continue ainsi pendant des heures entières.

Si l'on examine la physionomie de tout ce monde, des femmes vieilles, ou encore jeunes, particulièrement, on est frappé de l'air de ressemblance qui paraît exister entre eux: leurs fronts soucieux sont prématurément ridés, leur teint est mat, plombé, presque maladif. L'œil seul brille d'un éclat ardent. Leurs lèvres grimacent une sorte de sourire contraint: on voit qu'ils s'attachent à paraître impassibles et à dissimuler les impressions de plaisir ou de contrariété que les chances du jeu ont pu leur faire éprouver. C'est l'orgueil s'ajoutant au vice.

Je me demande si le minuscule monarque qui exploite ainsi les mauvaises passions des visiteurs de son palais, jeunes ou vieux, riches ou pauvres, au profit de son habitation princière, ne doit pas quelquefois voir en songe, se balancer dans l'air au bout d'une corde, ou gisant dans une mare de sang, ceux dont il a occasionné la mort.....

Jetons un voile sur ce souvenir d'autrefois, ravivé par notre passage devant Monaco, et contemplons Menton et son joli port, acquisition faite par la France en 1861. Puis, peu après, la Roya, petite rivière qui descend du col de Tende, finit à Vintimille et sert de limite à la France et à l'Italie.

CHAPITRE II

EN ITALIE

A **Vintimiglia**, une double opération s'impose : avancer de cinquante-cinq minutes l'heure de sa montre, pour se mettre d'accord avec la méridienne italienne, que le soleil visite de la même durée plus tôt qu'à Paris.

Se préparer à subir, dans l'enceinte de la douane, une visite généralement très sommaire de ses bagages.

J'allais oublier une troisième opération, non moins importante : vérifier de très près, tant à l'entrée en Italie qu'à la sortie, la valeur de la monnaie qu'un certain changeur donne en retour de celle qu'on lui présente. (La monnaie française d'argent et de cuivre cesse d'avoir cours en Italie, et la monnaie d'or bénéficie de 6 %.)

Cette précaution s'applique du reste à tous les changeurs italiens, petits ou grands.

Le changeur de Vintimille, qui au retour en France m'avait notablement volé, a reçu du chef de la police italienne une leçon d'honnêteté dont M. le ministre des affaires étrangères, siégeant à Rome, a bien voulu me faire part.

Toute autre formalité, du reste, avait été facilitée aux pèlerins de Bordeaux à la suite d'une bienveillante recommandation de M. Capo-Duro, consul du royaume d'Italie à Bordeaux, dont l'obligeance ne s'était pas démentie durant la préparation du pèlerinage.

* * *

Vintimille n'offre rien de remarquable. C'est une toute petite ville, où, dans un marché, qui se tient devant une pauvre église, nous avons eu un premier aperçu de la population rurale italienne.

Cependant les environs sont beaux, et une promenade sur les bords de la Roya peut agréablement faire passer le temps qui s'écoule entre l'arrivée à Vintimille et le départ.

Les gendarmes italiens (*carabinieri*), comme les douaniers et les agents chargés de la police, sont revêtus de costumes élégants et très soigneusement entretenus. Leur physionomie est celle qui distingue le soldat italien : fine et intelligente. Nous aurons occasion de remarquer plus tard qu'une sévère discipline est bien observée par les troupes italiennes, même en dehors du service.

Mais l'heure du départ approche: des appels inaccoutumés frappent nos oreilles en même temps que nos yeux lisent des inscriptions facilement traduisibles, quoique inconnues jusque-là: Ferrovia, — Ingresso, Uscita, — Stazione, — Treno-diretto, — Biglietti di prima o di seconda classe, etc.

Enfin les portes des salles d'attente s'ouvrent, elles se remplissent en un instant d'une multitude compacte où nous nous trouvons englobés dans une foule d'étrangers qui ont tous Rome pour but du voyage.

Un train devait partir à une heure pour se rendre à Gênes, il fallut le doubler, et encore n'est-il pas sûr que tous y trouvèrent place.

On entend retentir le cri de: « Signori viaggiatori, in vettura. » On se précipite, on se bouscule. Le pèlerinage bordelais avait un wagon réservé, mais il faut le défendre vigoureusement contre l'envahissement.

Puis, chacun étant installé, retentit le mot « Partenza », signal du départ.

Au bout de quelques jours l'oreille se fait à ces nouveaux accents aux voyelles longues, presque chantées, et chacun s'efforce d'italianiser son langage pour se faire comprendre.

Un déjeuner en paquet est distribué à chaque voyageur, pour être mangé en route. Ce genre de repas, fait sur le pouce, les genoux servant de table, ne manque pas d'agrément. Il permet aussi de comparer le degré d'ingéniosité de chaque buffet qui le fournit. Rome l'emporte sur tous ; le maître d'hôtel, grand organisateur de l'ordre décoratif de l'« Artichaut à l'huile », dont la décoration de commandeur orne le cou, a inventé les verres en papier, les serviettes en mousseline et les fiaschetti di vino chianti (1) ; le tout placé dans un élégant petit panier en osier, du prix de trois francs.

Nous voilà donc lancés à toute vapeur à travers l'Italie. A Gênes, où nous arriverons ce soir, 18 avril à cinq heures, nous attend un repas, non en paquet, et un lit moins dur que les banquettes des wagons italiens ; c'est une espérance aussi réjouissante que le magnifique pays que nous traversons. Mais que faire pendant ce trajet de cinq heures ? Admirer la nature et en vanter les beautés ?... C'est déjà fait... Se recueillir, un livre à la main !... Les nombreux tunnels, variant de quatorze cents à quatre mille mètres de lon-

(1) Vins des rives du fleuve Chianti, province de Macerata, riveraine de l'Adriatique.

gueur, que le chemin de fer traverse et dont le nombre est, dit-on, de quatre cents jusqu'à la Spezzia, mettent obstacle à une lecture suivie. Dissertons donc sur les beautés de la langue italienne comparée à notre langue maternelle. Nul n'en a mieux parlé qu'un grand maître en fait de sonorités musicales et d'euphonies harmonieuses : Gounod. Voici ce qu'il en dit :

« La langue italienne a beaucoup de sonorité et d'éclat, ses *o* et ses *a* la font vibrer comme des instruments de concert; elle exprime ce qui est brillant et charmant dans la vie, ce qui est aimable dans les sentiments, élégant dans la douleur, ardent, mais un peu superficiel dans les passions. Mais la langue française rend mieux le détail des sentiments, la finesse des nuances. C'est la langue de l'intime, du vrai, du profond des choses et du cœur. Elle est moins riche de coloris, mais elle est plus variée et plus riche de teintes. Elle a moins de rouge sur sa palette, mais elle a des violets, des lilas, des gris perle, des ors pâles que la langue italienne ne connaîtra jamais. »

Ce petit chef-d'œuvre de linguistique valait la peine d'être cité.

Mais le train a marché : **Albenga**, jolie petite ville maritime; **Loano**, et le souvenir de la bataille gagnée par les Français sur les

Autrichiens, en 1795; **Savone,** et son port défendu par un château-fort. Tout cela, complété par la vue du **Golfe de Gênes** et de la route de la **Corniche**, tracée aux pieds des Alpes Maritimes, et ensuite des Apennins, magnifique route à flanc de coteau bordée de villas, de jardins, de massifs; tout cela, dis-je, rend le trajet agréable. Aussi les heures s'écoulent, s'écoulent même plus nombreuses que celle que fixe l'*Indicatore della strada ferrata,* car nous arrivons à **Gênes** à la tombée de la nuit.

C'est une déception pour ceux de mes compagnons qui ne connaissent pas la ville. Il est vrai qu'il nous reste la fin d'une belle soirée et la matinée de demain pour nous en donner un aperçu.

*
* *

Gênes, 19 avril.

Après une bonne nuit, passée dans un hôtel confortable, nous commençons, dès le matin, notre visite de la ville.

Gênes la Superbe, renommée par ses palais de marbre et son port marchand, qui rivalise avec celui de Marseille, s'élève en amphithéâtre sur les premiers gradins de l'Apennin. Quoique déchue de sa splendeur passée (1), Gênes est encore très importante : ses palais sont nombreux, ses places sont belles, plusieurs de ses rues sont justement renommées. Ses églises sont richement décorées de peintures, de fresques et de sculptures. San Lorenzo, sa cathédrale, est revêtue de marbre blanc et noir disposé en assises. L'Annunziata est très remarquable aussi, mais on pourrait reprocher à ces églises d'être trop surchargées de dorures et d'ornements.

La ville de Gênes mériterait une plus longue énumération des choses remarquables qu'elle possède : ainsi son Baptistère, ses magnifiques promenades de l'Acqua Sola, ses musées, etc.

Mais c'est en pèlerins, et non en touristes, que nous la visitons ; la partie religieuse doit donc appeler plus particulièrement notre attention. A ce point de vue, il convenait, malgré le court séjour que nous pouvions y faire, d'aller visiter le Campo Santo, situé à peu de distance de la ville.

Dans ce vaste cimetière, l'un des plus remarquables de l'Italie, auquel cependant peut être comparé celui de San Lorenzo, à Rome, l'art profane abonde. Des sculpteurs

(1) Qu'elle avait encore de 1800 à 1814, époque où elle appartenait à la France.

de grand talent s'y sont montrés plus artistes que chrétiens, et ont eu en vue plus un musée qu'un champ de repos. Quelques inscriptions, païennes ou théâtrales, font regretter les pieuses et bien chrétiennes inscriptions dont usaient les premiers chrétiens et qu'on lit encore, avec un touchant intérêt, dans certains cloitres de monastères, ou, plus nombreuses encore, dans les catacombes de Rome. Cependant plusieurs monuments funèbres unissent à un grand art sculptural l'inscription qui convient au sujet.

En route vers Lorette, avec arrêts à Plaisance et à Bologne.

Jeudi, 19 avril.

Si, de **Gênes**, le voyageur voulait aller directement à **Rome**, c'est par **la Spezzia** et **Pise**, c'est-à-dire par le réseau du chemin de fer qui longe la Méditerranée, qu'il aurait à continuer sa route. Mais **Bologne** et **Lorette** sont promis à nos pieux désirs par nos sages Directeurs : nous allons donc nous diriger vers le nord.

A 8 h. 35, nous sommes tous réunis à la

gare de départ de Gênes. Hélas! l'encombrement des voyageurs défie toute description et entraîne des retards considérables.

L'heure du départ passe et trépasse et rien ne se meut autour de nous. Enfin les portes des salles d'attente s'ouvrent, et le cri : « Signori, presto in vettura; ecco il treno! » se fait entendre. Ce *presto* dissipe peu nos craintes d'être privés de voir Bologne ce soir!

Le signal tant attendu retentit : *Partenza!* Nous entrons dans ces belles contrées riches et fertiles de la Lombardie, arrosées par le Pô. Presque chaque station importante nous rappelle le lieu d'une bataille célèbre, où a coulé le sang français, mélangé au sang espagnol, autrichien, allemand, russe et italien. Aussi avait-on nommé l'Italie le « *Tombeau des Français* ». Bien avant ces hécatombes humaines, les armées carthaginoises d'Annibal avaient, en exécution de SON SERMENT, répandu à flots le sang des Romains dans ces contrées, à l'aspect si pacifique aujourd'hui.

Nous arrivons à **Plaisance** *(Piacenza)*, ville principale de l'ancien duché de Parme, sur la rive droite du Pô, traversé par un grand pont de fer.

D'après nos prévisions, nous ne devions

faire qu'une courte halte à Plaisance, et y prendre au passage le train de la ligne Adriatique, qui va de Milan à Bologne. Mais, disait à côté de moi une très spirituelle voyageuse : les deux réseaux ne s'étaient pas entendus ! Si c'était le jour pour la Méditerranée d'arriver en retard, c'était sans doute, pour l'Adriatique, le jour de partir à l'heure. Bref le train de Bologne était parti, et parti sans nous ! Notre *presto* de ce matin tenait parole : la durée de notre halte à Bologne était très compromise, sinon *brûlée*. Pour nous consoler de ce retard de deux heures, nous allâmes visiter la ville.

Plaisance, d'un aspect désert et triste, trop grande pour sa population, disent les guides, mérite cependant d'être vue en détail. Elle a l'aspect d'une ville forte du moyen âge, quoique ses remparts aient été convertis en lieux de promenade. On remarque, sur la place dei Cavalli, le palais de la Commune ou palais Farnèse, à fenêtres à plein cintre, couronné de magnifiques créneaux ; et devant ce palais, sur un large pavé en granit, les statues équestres colossales d'Alexandre Farnèse et de son fils Ranuccio. — Sur la place du Dôme s'élève la cathédrale, magnifique construction de style roman lombard, qui date de 1122-1233. Considérée comme un monument national, cette église est actuellement en grande réparation.

Enfin plusieurs autres églises également remarquables : particulièrement l'église San Sisto, précédée d'un cloître à deux coupoles, où se trouve le mausolée de Marguerite d'Autriche, fille de Charles-Quint.

Cette visite occupe notre attention jusqu'à trois heures, où un nouveau train de chemin de fer nous emporte vers Bologne.

Le trajet de Plaisance à Bologne est la continuation de celui de Gênes à Plaisance, que nous avons fait ce matin ; il ne justifierait aucune description topographique nouvelle.

Parme, Reggio, Modène, villes historiques, mériteraient seules une description détaillée si nous avions pu en avoir plus qu'une vue rapide. Ces belles contrées, il y a un peu moins d'un siècle, faisaient partie de l'Empire napoléonien.

Enfin apparaît **Bologne** *(Bononia)*, au pied de l'Apennin, place forte entourée d'une muraille percée de douze portes. Bologne faisait partie autrefois des États de l'Église.

Mais il est plus de six heures du soir, et l'inexorable itinéraire nous remet en marche à 7 h. 30. Notre repas doit être pris au buffet de la gare : nous n'aurons même pas la vue de l'intérieur de la ville. Encore moins pourrons-nous aller vénérer les reliques du grand saint Dominique, dans la belle église de ce nom. Il faut donc savoir nous contenter de la description que nos guides nous font de Bologne, de ses beaux palais, de ses remarquables églises : Saint-Pierre, Sainte-Cécile, Saint-Jacques le Majeur, Saint-Étienne, formée de la réunion de sept petites églises, etc., etc., et de ses deux tours penchées : Garisenda et Asinelli.

En route pour Lorette.

19 avril, 7 h. 30 du soir.

Lorette!... Ce doux nom fait déjà battre nos cœurs, parce que, dans quelques heures, il nous sera donné de prier dans l'humble demeure qui fut celle de la divine Mère de Jésus.

Parce que, de cette demeure, nos prières seront plus ferventes et les grâces dont nous avons besoin plus facilement accordées par la Vierge, Mère de toute Miséricorde, qui a promis qu'on ne l'invoquerait jamais en vain.

La maison de Nazareth fut aussi celle de la Sainte Famille; il est doux de croire que

NOTRE-DAME DE LORETTE

d'après une photographie de Mlle Béatrix de FORCADE.

toute aumône, demandée à la porte de cette demeure par un miséreux passant, ne fut jamais refusée. C'est aussi cette aumône que nous, pauvres pèlerins, venons humblement solliciter de vous, ô divine Vierge Marie!

LORETTE

Nous arrivons à **Lorette** à 11 h. 53 du soir; des voitures nous attendent et nous conduisent de la gare du chemin de fer, placée au bas de la colline, à environ deux kilomètres de Lorette, à l'hôtel central de la ville, l'albergo della Pace, où l'on nous désigne les logements que nous devons occuper. Après une nuit très écourtée, car il est deux heures du matin, mais cependant nuit de repos passée dans une maison particulière, la petite ville ne possédant pas un nombre suffisant d'hôtels pour recevoir de nombreux pèlerins, nous nous rendons de bonne heure à la basilique, guidés à travers les rues obscures par le son argentin de la cloche, qui déjà chante les gloires de Marie.

Ici je me trouve partagé entre le désir d'exprimer, tout d'abord, ce que le pèlerin ressent de pieuses impressions lorsque, ayant pénétré dans cette belle basilique, il arrive au seuil de la Santa Casa, maison où naquit Marie, la Reine des Anges, la Vierge Immaculée, Mère du Rédempteur, et la nécessité, pour la clarté du récit, d'exposer historiquement l'origine de la dévotion qui nous y appelle.

La Santa Casa, ou Maison de Nazareth, est une petite construction en briques rocheuses, ou pierres particulières, qu'on ne trouve pas dans le pays. Elle a quatre mètres vingt de hauteur, sur huit mètres quatre-vidgt de long et quatre mètres de largeur. Ses murs simples, sans fondation souterraine, exhalent comme un parfum de vertus les plus suaves. Ils ont vu croître en âge et en sagesse le Sauveur des nations : ils l'ont vu enfant, humblement soumis aux désirs de sa divine Mère et de son Père putatif, saint Joseph: C'est là que l'archange Gabriel, l'envoyé de Dieu, annonça à Marie qu'elle serait la Mère du Sauveur. Là, enfin, que le Verbe fait chair habita pendant plus de trente années (saint Jean, ch. Ier).

Le miracle de la translation de la maison de la sainte Vierge de Nazareth à Tersato, en Dalmatie, d'abord, en l'an 1291, puis de ce lieu dans la Marche d'Ancône, sur l'autre rive de l'Adriatique, en 1294; enfin, quelque temps après, sur la colline qu'elle occupe aujourd'hui, est aussi clairement attesté et constaté qu'il est possible de le désirer. Des témoignages nombreux font foi de l'authenticité de ce miracle.

La relation que nous écrivons ici, n'étant que l'expression des sentiments de piété que nos cœurs ont ressentis dans le parcours de nos visites, nous ne nous appesantirons sur aucune démonstration de nos croyances. « Nous ne sommes point de ces esprits forts ou faibles, comme le dit le célèbre écrivain Louis Veuillot, dans son ouvrage *Rome et Lorette,* qui vivent au milieu des merveilles de la création, sans vouloir reconnaître que le Dieu créateur de toutes choses peut faire des miracles que leur intelligence ne s'explique pas. Il ne nous vient pas à l'esprit que Dieu veuille tromper notre piété et notre amour. Ou la terre s'est créée elle-même, et gravite par sa seule force et sa seule vertu dans l'orbe immense des espaces, ou Celui qui créa la terre, et qui la soutient ainsi à sa place, parmi les mondes, a bien pu transporter en un instant, du fond de la Judée au milieu de l'Europe, l'humble édifice où la Vierge-Mère fit sa demeure, et où le nouvel Adam fut conçu dans un sein immaculé.

» Lorette est une source de grâces, où les âmes pieuses vont puiser abondamment la manne spirituelle; nous en appelons aux souvenirs de ceux qui, comme nous, ont fait le pèlerinage de la Santa Casa.....

» Lorsque le pèlerin aperçoit, non pas encore la maison elle-même, mais seulement le temple qui la recouvre, sur le fronton duquel il lit cette inscription qu'y plaça le grand pontife Sixte Quint : « *Deiparæ domus, in qua Verbum caro factum est* », il n'a plus besoin ni de procès-verbaux, ni de raisonnements. Qu'est-ce donc, quand purifié par la pénitence, le pieux voyageur entre enfin dans cette humble maison qui fut, sur la terre, l'asile de la Reine des Cieux ; et que, mêlé à ses frères chrétiens comme lui, il a reçu le Verbe fait chair devenu le pain de la vie éternelle ; il peut dire comme Marie : « Le Seigneur est « avec moi. *Magnificat anima Dominum !* » (Louis Veuillot.)

La maison qu'habitait la sainte Vierge, à Nazareth, avait été restaurée par l'impératrice Hélène, mère de Constantin, et recouverte d'un temple. Après l'invasion des Sarrasins, la basilique menaçant ruine, et les infidèles s'étant rendus maîtres de Ptolémaïs, des anges, pour la soustraire aux profanations qui auraient pu l'atteindre, la transportèrent, en 1291, entre les villes de Tersato et de Fiume, en Dalmatie. L'apparition de la Santa Casa fut révélée à l'évêque Alexandre, par une vision qu'il eut, et, comme preuve de la vérité de cette révélation, la sainte Vierge le guérit subitement d'une maladie grave dont il souffrait. On envoya à Nazareth une députation spéciale, qui trouva les dimensions exactement conformes à celles qui étaient attenantes au rocher, autre partie de la maison de Nazareth, qui n'a pas cessé d'exister, et que tout pèlerin de Terre-Sainte peut encore vénérer aujourd'hui. Au bout de trois ans, ainsi que nous l'avons dit précédemment, le 10 décembre 1294, la Santa Casa fut encore transportée miraculeusement dans la Marche d'Ancône, qui, déjà, faisait partie des États de l'Église, et déposée non loin de Recanati, dans un bois de lauriers *(Lauretum)*, d'où lui vient le nom de Lorette. Puis enfin, de ce lieu, sur la colline, où elle est aujourd'hui.

Le pape Paul II accorda des indulgences aux visiteurs de Notre-Dame de Lorette, et, avec les riches offrandes dues à l'immense concours de pèlerins du monde entier, il fit construire la magnifique église qui recouvre aujourd'hui la Santa Casa.

Les papes postérieurs, notamment Sixte V, dont la colossale statue de bronze orne l'entrée de l'église, l'enrichirent d'une foule de chefs-d'œuvre artistiques. Les trois magnifiques portes de bronze ont été exécutées sous le pape Paul V. La cloche principale pèse onze mille kilogrammes. La chapelle du trésor nous fut obligeamment montrée par le R. Père Marie de Malaga, prieur des religieux capucins qui desservent la basilique. Elle renferme un grand nombre d'ex-voto et d'objets précieux : colliers de pierreries, diadèmes, calices, crucifix, flambeaux et riches ornements d'église, donnés par des princes, des prélats ou de grands dignitaires, même par d'humbles fidèles. Ainsi au nombre de ces objets de prix, on remarque une perle fine, d'une grosseur extraordinaire, représentant l'image sculptée de la sainte Vierge, offerte par des pêcheurs de l'Adriatique, à leur retour de l'île de Ceylan (Asie).

Dans une niche, sorte d'enfoncement pratiqué dans le mur, est placée la statue de la sainte Vierge, couverte d'or et de pierreries. Elle est en bois de cèdre. On prétend qu'elle a été sculptée par saint Luc. Au dessous de la niche dans laquelle est la statue, se trouve un foyer, petite cheminée, où l'on conserve un plat qui servait à la Sainte Famille.

Saint Louis, roi de France, fut l'un des bienfaiteurs du sanctuaire de Notre-Dame de Lorette; son souvenir y est précieusement conservé. Encore de nos jours, au 25 août, sa fête y est solennellement célébrée. Au *Sanctus* et à l'élévation de la messe, on tire le canon devant l'église.

Cet hommage rendu à la France catholique, depuis l'époque où régnait ce grand roi et ce grand saint, se retrouve jusqu'en Palestine, et dans tout l'Orient. N'est-il pas un témoignage de la grande influence qu'exerçait notre patrie, alors qu'elle remplissait efficacement son rôle de Fille aînée de l'Église?

Combien les temps diffèrent, aujourd'hui, où notre chère France est tombée au pouvoir de sectaires impies, qui renient toutes les gloires du passé!

* * *

Le pèlerinage de Bordeaux avait été annoncé à M. le Vicaire général de Lorette, à qui la direction des pèlerinages est confiée. Il avait été convenu que la messe pour les pèlerins serait dite à huit heures dans la Santa Casa, mais, en Italie, les promesses ne sont pas tenues d'une manière très rigoureuse. Quand notre cher Directeur se présente à la sacristie, on lui annonce qu'une grand'messe doit être chantée à huit heures et qu'il doit immédiatement commencer la cérémonie pour les pèlerins de Bordeaux. Il était un peu plus de sept heures et demie; heureusement, la plupart de nos pèlerins, étant arrivés, purent entendre la messe et communier.

Une seconde messe fut dite à l'autel majeur par M. **Izans**, curé de Saint-Louis.

M. le chanoine **Sursol** et quelques-unes de nos dames pèlerines avaient préparé les plus intéressants morceaux de leur répertoire : une impossibilité liturgique leur fut opposée : on ne permet pas aux dames d'exécuter des *soli* dans les églises.

Si nous en sommes contrariés, nous sommes d'un autre côté édifiés de la fidélité aux règles. Du reste, tout chante ici autour de nous, et dans nos cœurs, au moment où nous recevons le Verbe incarné, là où Marie l'a reçu la première.

Nos pèlerins regardaient avec une certaine surprise les personnes du pays, agenouillées devant eux à la sainte Table : hommes et femmes portaient dans leurs mains un billet dont la signification nous intriguait ; nous en eûmes l'explication : c'était le billet de confession. Cette preuve de persévérance de la population dans les vieilles coutumes de la foi chrétienne, est touchante. — Il était satisfaisant aussi de voir tous les confessionnaux des « pénitenciers » assiégés par une foule, où les hommes étaient au moins aussi nombreux que les femmes.

Quelques heures après, une autre cérémonie nous ramenait au pied de l'autel de Marie. Nous voilà donc assis dans les stalles du chapitre, à défaut d'autres sièges, qui généralement manquent dans les églises italiennes.

On entonne les litanies de la sainte Vierge dites de Lorette. C'était bien le lieu de les chanter, et elles l'ont été avec un enthousiasme vraiment enlevant.

M. le Vicaire général prend la parole : il nous parle de la bonté de Marie, de nos besoins, de notre chère France.

Ces pensées et ces impressions étaient déjà dans nos cœurs, la voix du prêtre leur donne une intensité nouvelle.

Après la bénédiction, quand les prêtres officiants reviennent à la sacristie, les Italiens pressent leurs mains avec sympathie en leur disant : « *Prosit;* que Dieu vous exauce. »

⁂

La petite ville de **Lorette**, ville de huit mille habitants, est située sur la ligne ferrée de Bologne à Otrante. Placée sur le haut d'une colline, on y jouit de la vue de la mer

Adriatique et de vastes horizons sur les campagnes environnantes. Au nord de la colline, coule le petit fleuve nommé Musone, qui va se jeter dans la mer, à une lieue et demie au dessous de Lorette. Un important souvenir se rattache à ce cours d'eau : c'est là que fut livré, le 18 septembre 1860, un combat entre les troupes pontificales, commandées par le général français de Lamoricière, et le général piémontais Cialdini. Celui-ci venait, au nom du roi Victor-Emmanuel, s'emparer des états du Saint Siège et compléter ainsi l'œuvre sacrilège et révolutionnaire de spoliation commencée par un condottière italien nommé Garibaldi.

Le général de Lamoricière, attaqué à l'improviste, sans déclaration de guerre, ne put réunir, en hâte, que cinq mille hommes de sa petite armée, composée de jeunes soldats, tous volontaires catholiques : Français, Belges, Autrichiens, Suisses et indigènes. Avec eux il fit bravement face aux cinquante mille soldats de l'armée régulière italienne. Un instant même, sous l'effet d'un prodigieux élan, l'ennemi fut repoussé jusqu'aux premières maisons du hameau des Crocettes, situé sur le territoire de Castelfidardo. La retraite sur la place fortifiée d'Ancône allait pouvoir s'effectuer, lorsque de nouvelles masses italiennes et un feu violent d'artillerie obligèrent les pontificaux à céder le terrain qu'ils avaient conquis.

Ici se place un fait que je veux rapporter, tant il fait honneur au courage du bataillon franco-belge.

Après la prise de la ferme des Cascines, par le bataillon des carabiniers suisses, on avait utilisé cette ferme pour y déposer les blessés, et la défense en avait été confiée à une fraction du bataillon des zouaves; mais, au milieu de la confusion produite par la retraite précipitée, on avait oublié de rallier les défenseurs qui s'y étaient barricadés.

Quoique isolés du reste des combattants, ces braves soldats n'en continuaient pas moins la défense. Deux fois, deux bataillons piémontais attaquèrent cette ferme. Chaque fois il furent contraints de se retirer, décimés par une fusillade à bout portant. Vainement une batterie ennemie mitraillait la maison, entamant les murs en plusieurs endroits. Les zouaves avaient fait le sacrifice de leur vie, mais non celui de leur honneur : ils persistaient à défendre les blessés, dont ils avaient la garde. Enfin l'ennemi, exaspéré par la résistance d'une poignée d'hommes, contre des masses sans cesse renouvelées, parvint à entourer la maison de fascines et de broussailles sèches et y mit le feu en trois endroits. Les assiégés, alors, cédant aux prières des blessés, à demi asphyxiés par la fumée, consentirent à déposer les armes et à se rendre.

Mais, si dans l'accomplissement d'une aussi belle résistance, l'honneur des zouaves pontificaux grandissait, la honte s'accumulait à jamais sur les vainqueurs. Maîtres de ces hommes blessés ou désarmés, ils les dépouillèrent de tout ce qu'ils portaient sur eux, déchirant leurs vêtements, s'emparant de force de leur argent, de leurs bijoux, montres et bagues, qu'ils pouvaient posséder, et jusqu'aux médailles qu'ils avaient au cou.

Tel fut le dernier épisode de la bataille de Castelfidardo, commencée le 18 septembre 1860, à dix heures du matin, et terminée le même jour, à midi un quart.

La petite armée pontificale se constitua prisonnière de guerre.

Le général de Lamoricière, pensant avec raison qu'en se constituant prisonnier il compromettait tout à fait la cause du Saint Siège, tandis qu'en se retirant sur Ancône, il pouvait encore continuer la lutte, et donner à la France et aux autres puissances catholiques le temps d'arriver, ne suivit pas les débris de son armée. Accompagné de quelques cavaliers, il parvint à traverser les lignes ennemies et se rendit à Ancône.

L'histoire contemporaine apprend le reste des événements accomplis contre les États de l'Église par l'Italie révolutionnaire et envahissante; nous n'avons pas à en parler ici.

Le 20 septembre suivant, la ville d'Ancône, doublement attaquée par terre et par mer, succombait après une défense glorieuse, sans que la France ou l'Autriche, nations catholiques, intervinssent. Victor-Emmanuel, roi de Sardaigne, devenait le maître de l'Italie entière, ne laissant plus au Souverain Pontife que ce que l'on nommait le Patrimoine de saint Pierre, qui restait placé sous la protection des baïonnettes françaises, en attendant que le reste de la criminelle spoliation du patrimoine même devînt la proie de la révolution cosmopolite.

Mentana, sept ans plus tard, fut la continuation de cette iniquité, et trois ans après, le 20 septembre 1870, la prise de Rome en fut la consommation. L'Émilie, l'Ombrie et les Marches, avaient précédé cette dernière spoliation.

En même temps que la France, humiliée, pantelante et agonisante, subissait la perte de l'Alsace et de la Lorraine, l'Italie révolutionnaire envahissait Rome, au mépris de ses engagements d'honneur.

Mais la France n'était-elle pas coupable des excès commis par la Révolution? Napoléon III, depuis longtemps affilié aux sociétés secrètes italiennes, n'avait-il pas commencé à saper la puissance temporelle des Papes, en déclarant la guerre à l'Autriche, gardienne des États de l'Église?

Cette guerre de 1859 amena successivement la dépossession de la plus grande partie des États du Saint Siège, et la guerre de 1870, en obligeant la France à retirer les dernières troupes qui gardaient Rome, acheva le triomphe complet de la force brutale sur le droit et sur la justice opprimés.

Ici me vient en mémoire un proverbe arabe, assez trivial, mais parfaitement juste : *Dieu ne paie pas tous les samedis, cependant il ne fait jamais banqueroute*. Nos grandes défaites françaises, qui coïncidaient exactement avec les dates des départs successifs de nos troupes du territoire pontifical, en sont la justification. Castelfidardo, Ancône, Mentana, Monte-Rotondo, Rome, prenaient nom, alors : Reichshoffen, Frœschwiller, Metz, Sedan, Paris.

La ville de Rome, siège de la papauté, tombait au pouvoir de l'envahisseur le jour même où les armées allemandes investissaient Paris. Et la France, qui de son sang avait payé les victoires de Magenta et de Solférino, subissait l'injure que lui infligeait la nation ingrate qui lui devait son indépendance.

Au jour marqué de Dieu, le Successeur de Pierre sortira librement de la prison Vaticane, aux acclamations des peuples délivrés du joug de l'impiété, comme le Prince des Apôtres, enchaîné dans la prison Mamertine, en est sorti lui-même. Gloire donc et honneur aux vaincus de Castelfidardo, de Mentana et de Rome : le sang de ces martyrs n'aura pas coulé en vain. « *Sanguis martyrum est semen christianorum* » (Tertullien).

*
* *

Plusieurs d'entre nous désiraient faire un pieux pèlerinage sur le lieu même du combat de Castelfidardo ; ils allèrent s'agenouiller sur cette terre où, écrasés par le nombre, étaient tombés tant d'héroïques défenseurs de l'Église, à la tête desquels était leur glorieux chef, le général Georges de Pimodan, et vingt autres, que je serais tenté de nommer, si je ne me rappelais ce mot du général Lamoricière : « *Nommez-les tous ou n'en nommez aucun, car tous se sont conduits comme des héros.* »

Un monument funéraire, en forme d'obélisque, entouré d'un mur d'enceinte, a été élevé par les Italiens sur l'emplacement où eut lieu le combat principal. Sur ce trophée de leur facile victoire, les vainqueurs, mieux inspirés qu'ils ne l'ont été à Rome, où, dans le cimetière de Saint-Laurent, et sur le chemin qui mène à la promenade du Pincio, figure une inscription offensante pour ceux qu'ils nomment des mercenaires, ils ont gravé l'inscription dont voici la traduction :

« Monument élevé par le prince Humbert » à la mémoire des combattants italiens qui » ont payé de leur sang la délivrance de la » Patrie. Puisse cette vue apprendre à la » jeunesse patriote comment se forme une » nation. »

Ici, je laisse la parole à l'une de nos pèlerines, qui, traduisant ce que chacun de nous pensait, s'écria d'une voix contenue par l'émotion : « Tout cimetière est un lieu de » prières : mais nos cœurs français doivent » un tribut de reconnaissance à ces jeunes » héros, nos frères dans la foi, qui ont payé » de leur vie la défense du Père commun des » fidèles. » Puis, s'agenouillant vers la face opposée à l'inscription italienne, elle écrivit ces mots : « *France et Rome!* »

De retour à Lorette, où nous avions fait ample provision d'objets religieux, pour leur donner le contact des Murs de la **Santa-Casa** et en faire part à nos amis, au retour en France, nous allons nous agenouiller une seconde fois sur le marbre qui entoure la Sainte Maison, sur ces marches où les genoux de milliers de fidèles ont creusé un double sillon. Du fond du cœur nous disons à la Vierge de Lorette, non un dernier adieu, mais un doux au revoir.

A la sortie, nous jetons un regard sur la belle statue de bronze représentant Sixte Quint; sur la non moins belle statue de la Vierge, placée sur la façade de l'église, chef-d'œuvre du célèbre Giralomo Lombardo; enfin sur le Palazzo Apostolico, qui contient de magnifiques peintures et une collection de majoliques. Puis, en toute hâte, nous allons prendre place dans les voitures qui stationnent devant l'Albergo della Pace. pour nous transporter à la gare, où, à 5 h. 28 du soir, nous devons continuer notre voyage sur **Ancône**.

En route pour Ancône.

Le trajet, en chemin de fer, de Lorette à Ancône, est d'une petite heure ; aussi est-il encore jour lorsque nous y arrivons. Déjà des voitures nous attendent pour nous faire visiter la ville, avant de dîner. Oh! L'AGENCE LUBIN est à l'heure militaire; le fil télégraphique, qui court encore plus vite que la vapeur, a signalé notre arrivée. Laissant nos petits bagages dans l'hôtel où nous devons dîner, nous partons en « caravane » comme on dit en Italie. Une suite de trente voitures, défilant au grand trot dans les rues étroites et montueuses de la ville, nous conduit au sommet du mont Guasco. Nous traversons une population grouillante et étonnée, qui exprime sa surprise par des acclamations plus ou moins sympathiques, et nous arrivons ainsi à la cathédrale. Après un acte d'adoration fait dans cette très ancienne église, consacrée à saint Cyriaque, premier évêque d'Ancône, en l'an 600, nous contemplons l'horizon, le vaste port, et Ancône, éclairée par un superbe coucher de soleil. La ville est bâtie en amphithéâtre, elle s'étend en courbe le long de sa rade, bornée par deux hauteurs : le mont Guasco, sur lequel nous sommes, et le mont Astagno, à l'autre extrémité.

Ancône, prise, perdue, puis reprise bien des fois par les Français, par les Autrichiens, rendue au Pape, auquel elle appartenait, est enfin tombée au pouvoir des Italiens, le 20 septembre 1860.

A la suite du combat de Castelfidardo, dont nous avons raconté les péripéties, le général de Lamoricière vint s'enfermer dans cette place avec les débris de son armée. Il y soutint courageusement un siège, par mer et par terre, dans la proportion de un défenseur contre vingt assaillants. Mais après avoir opposé une défense aussi persistante que le permettaient l'état de ses forces et l'approvisionnement de ses munitions, il dut accepter une capitulation, que l'ennemi même jugea honorable, puisqu'il lui accorda les honneurs du défilé avec armes et bagages, et une entière liberté pour ses officiers, pour lui, et pour les soldats étrangers à l'Italie.

Ainsi s'écroula la dernière place forte des États de l'Église, sans la possession de laquelle les envahisseurs ne pouvaient, d'une manière définitive, s'établir dans les Marches.

Départ pour Assise (Assisi).

A 10 h. 40 du soir nous reprenons notre marche sur **Assise**, dernière halte avant d'arriver à **Rome**. — Encore une nuit à passer en chemin de fer, puisque nous ne devons fouler le sol qui fut la patrie du grand saint François, l'illustre thaumaturge, que le lendemain à 3 h. 31 du matin.

Les souvenirs des faits de guerre, évoqués entre Français, ont le privilège de réveiller toujours, en eux, des élans de vieux sentiments chevaleresques, que, grâce à Dieu et à notre sang gaulois, nos tristesses passées ne sauraient jamais éteindre. Sans être des fanfarons ou des agresseurs, nous voulons toujours rester les défenseurs du droit contre l'oppression, et les soldats de l'idée contre l'égoïsme : les « sergents de Dieu », enfin.

La vue d'Ancône avait déjà amené un commencement de conversation sur cette matière; la perspective d'une nuit d'insomnie la fit reprendre en ces termes, par l'un de nos compagnons de voyage :

L'Italie, au temps des conquêtes romaines, avait imposé la force de ses armes à l'univers alors connu; pourrait-elle jamais recouvrer une telle puissance? Non, nous répondent des auteurs très compétents en matière de stratégie (dont la tactique n'est du reste qu'une auxiliaire). Non, jamais l'Italie ne pourrait reconquérir une telle puissance : la péninsule italique, si justement comparée à une longue botte, est trop étroite et trop profonde pour empêcher des débarquements simultanés sur les rivages des deux mers qui entourent sa partie inférieure. De plus elle n'offre pas la surface nécessaire pour manœuvrer à l'aise sur l'un ou l'autre versant de l'Apennin, qui, de Gênes au détroit de Messine, la partage dans toute sa longueur. Au dessous de Rome et d'Ancône, sa partie méridionale est absolument indéfendable. L'Adriatique et la mer Méditerranée donnaient autrefois une grande puissance d'expansion aux Romains; elles seraient aujourd'hui, avec les moyens de destruction et les progrès de l'art moderne, une cause de faiblesse et d'infériorité absolues. C'est pour remédier à la vulnérabilité de ses côtes, que l'Italie s'efforce d'être une puissance maritime importante.

ASSISE

Samedi, 21 avril.

Un léger crépuscule, qui blanchit l'horizon et perce l'obscurité de notre voiture roulante, nous annonce l'arrivée à **Assise**. Le sifflet de la locomotive et les cris répétés : « Assisi ! Assisi ! » la complètent.

Le bataillon des pèlerins descend et se groupe, prêt à monter à l'assaut de la forteresse dont, déjà, on devine sur les hauteurs, les formes monumentales ; car Assise, comme Lorette, est placée à la cime d'une colline. La montée de celle-ci est de trois kilomètres. Mais ce n'est pas à pied que nous allons escalader cette hauteur : toutes les carrioles du pays ont été réquisitionnées, et, par les soins d'un personnage de haute stature et de grande obligeance, qui s'est présenté à notre Directeur, chacun de nous est de suite très commodément placé, et les voitures sont successivement mises en marche.

Cet obligeant ecclésiastique, car, sous son manteau entr'ouvert, nous distinguons maintenant son costume, et même, ce qui nous intrigue beaucoup, une large ceinture de

VUE D'ASSISE

d'après une photographie de Mlle JEANNE GIZARD.

moire violette et des parements de même couleur. Serait-ce donc un évêque?

C'est un prélat romain, Mgr Wisniewski, camérier secret de Sa Sainteté Léon XIII, chargé de la direction des pèlerinages d'Assise au couvent des Frères Mineurs conventuels, qui a poussé l'extrême bienveillance jusqu'à venir, en personne, au devant des pèlerins de Bordeaux. Nous aurons de nouvelles occasions d'apprécier l'aimable courtoisie de ce digne prélat. Tout d'abord, il nous exprime les sympathies qui l'unissent aux Français. La cordialité de son accueil nous en avait déjà convaincus.

Toute la caravane est en marche, Nos petits chevaux italiens grimpent avec une vigueur surprenante. L'air frais et le parfum des champs nous rendent radieux. Depuis quelques jours nous allons de merveille en merveille, et nos cœurs reconnaissants s'élèvent vers cette douce Providence, qui tient en réserve tant d'infinies ressources pour répondre aux aspirations de l'homme croyant.

Du reste, pas d'accident, ce qui est vraiment exceptionnel, et de nature à étonner ceux qui ont quelquefois voyagé dans des circonstances aussi improvisées que celles-ci. Au départ, l'ardent animal attelé à la voiture dans laquelle je suis, souffle, s'ébroue, s'anime, et, malgré son conducteur, persiste à longer un fossé, dont je mesure la profondeur avec une certaine inquiétude. Non pour moi, car, placé presque à cheval sur le brancard, un simple saut m'eût de suite mis à terre; mais pour mes voisins, qui, se doutant peu de ce danger, s'absorbent dans la vue du ciel étoilé, qui brille d'un vif éclat sur nos têtes, ou dans quelque prière muette. A l'arrivée, mettant pied à terre, je dis à mes compagnons : « Nous avions heureusement un conducteur habile, il a pu maintenir son cheval. — La Providence est bien plus habile encore », me répondit-on. C'était la conclusion de la méditation que je venais de faire.

Descendus à la porte de l'hôtel destiné à nous servir de quartier général jusqu'à l'heure de notre départ d'Assise, des voyageurs ordinaires se seraient empressés de songer à réparer le désordre de leur toilette ou les brêches faites à leur estomac par une nuit sans sommeil, et par un besoin de réfection stimulé par l'air vif du matin : mais nous sommes de vrais pèlerins : aux propositions empressées des serviteurs de l'hôtel, qui de leur voix la plus engageante, nous disent : « Signori ! Signore? Caffé-latte? Cioccolata? Licore fine? », — chacun, répondant par un signe négatif, se précipite vers l'église, où déjà des messes commençaient à tous les autels, principalement dans la crypte souterraine, sur le tombeau même de saint François.

Je voudrais que les incrédules pussent assister à ces manifestations de foi. Là, prosternés en présence de Dieu. tous ces chrétiens, qui ont plus que la « foi du charbonnier », qui tous appartiennent à des fractions diverses de notre société intellectuelle et instruite, donnent ce spectacle sublime de cœurs en communication avec Dieu. Ces âmes sentent qu'elles sont immortelles, qu'elles viennent de Dieu et qu'elles vont à Dieu.

Toutes chantent les louanges de ce Dieu. qu'elles aiment uniquement et tout le reste en lui. Car, l'amour de Dieu est la grande règle de tout bien, de toute action. Sur le tombeau de ce grand saint, qui, lui aussi, appartenait à l'élite de la société intellectuelle et instruite, riche et puissante, ils répètent ces mots vrais, il y a sept siècles. comme ils le sont aujourd'hui, parce qu'ils renferment toute la sagesse humaine :

« *Quis tu, Domine! quis ego?* Qui êtes-vous, Seigneur! et qui suis-je?... »

Oui, tous ces chrétiens vivent dans la paix que Dieu accorde aux hommes de bonne volonté, aux hommes qui le cherchent véritablement et qui, l'ayant trouvé, « gardent sa parole et observent ses commandements ».

Après avoir donné cours à notre piété dans cette crypte souterraine, où l'éclat de la cérémonie avait été relevé par les douces mélodies de nos chanteurs et de nos chanteuses, nous retournons un instant à l'hôtel. Nous reviendrons ensuite visiter en détail le couvent.

Il est grand jour; un beau soleil éclaire toute la campagne. Vu de la terrasse où nous sommes, au dessous de laquelle s'étagent de nombreux petits jardins fleuris, l'horizon s'étend au loin, parsemé de clochers au milieu d'habitations disséminées. Le vent apporte le tintement argentin de quelques cloches qui appellent à la prière. Oh! heureux habitants de ces silencieuses campagnes pleines de charme et d'harmonie! Là, votre vie s'écoule paisiblement entre les travaux des champs et la prière! Vous ignorez les pénibles labeurs de nos villes, de nos ateliers, de nos manufactures, de nos usines, où, confinés dans des locaux sans air, nos ouvriers cessent d'être des hommes libres, pour devenir des machines qui étiolent leur vigueur et la jeunesse de leurs enfants.

Il me revint alors en mémoire une publication ayant pour titre: « Ne fuyons plus les campagnes (1). » Toute l'économie de ce judicieux traité est contenue dans son épigraphe :

O fortunatos nimiùm sua si bona norint agricolas!
Qu'ils seraient heureux les habitants de la campagne, s'ils savaient apprécier leur bonheur!..... (VIRGILE.)

Assise, de l'ancienne Ombrie, siège d'un évêché, ancienne place forte, est la patrie du séraphique patriarche saint François, fils du négociant Pietro Bernardone. Né en 1182, il mourut en 1226, âgé de quarante-quatre ans.

Le saint se nommait Jean, mais il apprit si bien la langue française qu'on l'appela François. De là le nom des religieux franciscains, frères mineurs conventuels, dont il fut le fondateur. Très répandu peu après sa fondation sous des noms divers: observants, capucins, etc., l'Ordre comptait encore, au dix-huitième siècle, neuf mille maisons et cent cinquante mille membres.

La vie de saint François d'Assise est contenue tout au long dans la *Vie des saints*. Saint François, dont on a conservé des lettres et de nombreux écrits qui dénotaient

(1) L'abbé Tounissoux, de la Corrèze, auteur de plusieurs ouvrages.

un grand esprit, fut, dit le Dante (*Paradis*, XI, p. 500), « un des caractères les plus originaux du moyen âge; il se leva semblable au soleil et il remplit tout de ses œuvres ».

La basilique de Saint-François est bâtie sur le sommet d'une colline rocheuse ; elle se compose de deux églises superposées. On pourrait même dire trois, puisque le tombeau du saint est dans une crypte au dessous de l'église inférieure. Celle-ci, à hauteur du sol, est seule livrée au culte, la plus grande partie du couvent ayant été sécularisée en 1866 par le gouvernement italien, pour servir d'établissement d'instruction aux fils des instituteurs du pays. C'est dans cette église que Mgr Wisniewski voulut bien nous réunir pour nous retracer, dans une magnifique improvisation, les vertus héroïques du grand saint François, ajoutant modestement que Dieu ne l'ayant pas jugé digne de porter la livrée de ses fils, il n'était lié à l'Ordre que par le titre de tertiaire.

Sous cette modestie très édifiante, Monseigneur dissimule un grand mérite : Polonais d'origine, il parle avec pureté, je dirai même avec grande élégance, notre langue, ainsi que plusieurs autres, assure-t-on. Les soins que sa santé nécessite lui ont fait donner momentanément la direction des pèlerinages, où ses hautes qualités rendent d'éminents services.

Très aimablement, Monseigneur nous invite ensuite à l'accepter comme guide dans la visite des sanctuaires. Conduits par lui, nous vénérons toutes les précieuses reliques que le *Sagro Convento* possède. C'est une épine de la couronne de Notre Seigneur, un fragment de sa croix, un morceau du voile de la sainte Vierge, le doigt de saint Thomas, le bâton que saint François portait dans ses voyages; puis une grande quantité de dons précieux faits aux sanctuaires du couvent par d'éminents visiteurs, entre autres un très beau crucifix en cristal de roche.

Montant ensuite à l'église supérieure, celle qui a cessé d'être livrée au culte, Monseigneur nous donne, avec une grande érudition, l'explication des vingt-huit fresques symboliques peintes sur les murs, dont chacune rappelle un épisode de la vie de saint François; puis, de nombreuses autres fresques qui décorent les plafonds et le chœur. Toutes sont de peintres célèbres de la vieille école florentine, et en particulier, du Giotto, un des plus vaillants génies qui aient illustré l'art pictural par l'expression, la vie et la grâce qu'il a su donner à ses sujets. Déjà nous avions vu de ce célèbre peintre, sur la voûte du maître-autel de l'église inférieure, les figures allégoriques de la *Pauvreté*, de la *Chasteté* et de l'*Obéissance*, symbolisant ainsi les trois vœux monastiques.

Le couvent, très pauvre aujourd'hui, ne peut que difficilement entretenir l'édifice et les œuvres d'art qu'il contient. Une large générosité nous sembla le meilleur moyen de traduire notre reconnaissance : aussi les aumônes tombèrent-elles abondamment dans la bourse qu'une jeune pèlerine nous présenta.

Malgré toutes les belles choses qui déjà avaient charmé nos yeux et nos cœurs, ce n'était pas encore tout ce que notre savant et très obligeant cicerone désirait nous montrer. Des voitures nous attendaient à la sortie pour nous transporter à l'église et au couvent de Santa Chiara, situés à un peu plus d'un kilomètre, quoique dans l'enceinte de la ville. Cette distance est courte, mais l'accès du couvent, bâti sur un escarpement, est assez ardu pour nécessiter ce transport aux personnes peu habituées à la marche. Cependant, même quelques-unes de celles-ci durent achever le trajet à pied, les chevaux de leurs voitures ayant refusé d'avancer.

La réunion se fit dans l'église, en attendant qu'on réussît à faire ouvrir la porte du monastère, dont la clé, confiée à une vieille concierge septuagénaire, était introuvable.

Il n'y a plus beaucoup de Clarisses dans ce couvent, autrefois habité par les saintes et austères religieuses, filles de saint François et de sainte Claire, la fondatrice ; tout y semble mort ou désert. Introduits, enfin, nous vénérons le tombeau de la sainte, transféré, en 1850, de la place où il était, à celle qu'il occupe actuellement, dans une crypte ornée de magnifiques marbres.

A travers une porte grillée nous apercevons, dans une châsse, l'effigie moulée représentant le corps de la sainte, revêtu du costume monastique, parure nuptiale des épouses du Christ. Puis une religieuse, sans doute une des rares gardiennes du tombeau de la sainte abbesse fondatrice, de sa main diaphane, sortant des barreaux de la grille, nous fait passer de petits paquets renfermant un peu de la précieuse poussière du tombeau de sa sainte Mère.

D'autres reliques encore, renfermées dans une châsse vitrée, sont offertes à notre vue et à notre dévotion ; nous y posons nos lèvres avec respect, et leur donnons le contact de nos chapelets.

Il nous resterait à visiter la maison paternelle de saint François, située à peu de distance, mais le temps nous fait défaut pour cela ; l'heure du déjeuner nous appelle à l'hôtel, où nous devons avoir un hôte de marque : c'est Mgr Wisniewski, notre infatigable et bien aimable guide.

En effet, Mgr **Berbiguier**, notre Directeur, désirant témoigner à Monseigneur toute la reconnaissance due à son accueil si cordial, l'a prié de bien vouloir prendre part à nos simples mais fraternelles agapes. A midi donc, le jeune prélat s'assied à une table d'honneur, bénie de sa main, autour de laquelle prennent place les prêtres et quelques laïques du pèlerinage.

Le menu est convenable, mais exempt de toute recherche dont puisse être offensée la sobriété d'un religieux.

Cependant, au dessert, une attention délicate, bien légitime en ce jour de fête, fait doubler les verres et circuler à la ronde un nectar plus fameux que d'ordinaire, pendant que notre Directeur, interprète de tous, exprime, en termes délicats, l'impression inoubliable que nous emporterons d'Assise, grâce à l'exquise cordialité de celui qui nous en a fait les honneurs avec une amabilité si dévouée et si apostolique.

Mgr Wisniewski interrompt presque notre

chef, pour couper court à des éloges immérités, dit-il.

Avec une grâce charmante, il ajoute : « Ce que j'ai fait, tout autre l'eût fait aussi bien, et même mieux. D'ailleurs, c'était par égoïsme, pour me faire plaisir, et parce que j'aime beaucoup les Français. »

Puis continuant, il parle de la sympathie qui unit la Pologne et la France, véritable fraternité de cœur, rendue plus intime encore par une communauté de foi catholique et un même amour filial pour le vénéré Pontife de Rome.

De chaleureux applaudissements saluent ces excellentes paroles.

*
* *

De nouveau, cependant, il faut songer au départ, car nous ne pouvons manquer de faire nos dévotions à la Portioncule. Cette espérance diminue un peu nos regrets de quitter si vite la sainte et pittoresque ville haute, où l'on se sent si près du ciel, moins par l'altitude que par le souvenir de ses illustres enfants, le glorieux Patriarche et la séraphique Clarisse.

En quelques instants, nos véhicules ont

descendu la pente de la colline, et nous nous trouvons à très peu de distance de la gare, devant la grandiose basilique de Notre-Dame des Anges, *Santa Maria degli Angeli!* Quel joli nom !

La première pierre de cette basilique fut posée en 1569, sur l'oratoire primitif de saint François. Elle fut achevée, ou plus exactement rebâtie, après le tremblement de terre de 1832 ; la coupole était restée intacte. Depuis cette époque, des habitations nombreuses se sont groupées autour du sanctuaire, légitime patrimoine des fils de saint François, et y ont formé une paroisse de deux mille âmes.

Nous pénétrons dans la vaste nef, aux proportions grandioses, mais sans prendre le temps d'examiner les diverses richesses artistiques de ses nombreuses chapelles latérales. Le trésor de Sainte-Marie des Anges, c'est la *Portioncule,* abritée sous sa coupole, comme la Santa Casa sous celle de Lorette.

Cette humble chapelle, célèbre dans l'univers catholique, fut construite dès le quatrième siècle, pour recevoir une partie *(portioncula)* du tombeau de la Vierge.

Devenue ensuite la propriété des fils de saint Benoît, elle acquit de nouveaux titres à une pieuse vénération, par les merveilles de grâces qui s'y opérèrent pendant la vie du bienheureux François d'Assise. C'est dans cette chapelle qu'il entendit l'appel divin, et plus tard, l'abbé des Bénédictins la lui ayant cédée, il en fit le berceau de son Ordre. Mais la faveur la plus insigne, attachée à la Portioncule, lui vient de la célèbre vision que saint François y eut, en 1221.

Le Christ, Verbe fait chair, lui apparut au dessus de l'autel, rayonnant d'une gloire surnaturelle, le regard et le sourire empreints d'une mansuétude incomparable. A sa droite se tenait Marie, sa très glorieuse Mère, et autour, une multitude d'esprits célestes. Le Christ, regardant François, avec une suavité sans pareille, lui dit : « Je sais avec quel zèle toi et tes frères procurez le salut des âmes : en récompense, demande-moi, pour elles, et pour l'honneur de mon nom, telle grâce qu'il te plaira, je te l'accorderai. »

C'est alors, qu'avec une respectueuse confiance, le saint Patriarche demanda pour tous les fidèles qui visiteraient la Portioncule, avec les dispositions requises, le pardon plein et entier de leurs fautes. Le Sauveur y acquiesça volontiers, dès que sa douce Mère eut appuyé la supplique, à condition qu'il la fît ratifier par son Vicaire, alors le pape Honorius III.

Telle fut l'origine de cette célèbre indulgence, que Notre Seigneur lui-même, dans une seconde vision, fixa au 2 août, jour où il avait brisé les liens du Prince des apôtres.

Depuis le treizième siècle, ce précieux privilège a été étendu à divers sanctuaires de l'univers catholique. Bordeaux peut, à ce titre, citer les paroisses Saint-Michel et Saint-Martial, sans parler des oratoires franciscains, et de toutes les chapelles des sœurs de Saint-Vincent de Paul.

*
* *

C'est à Notre-Dame des Anges que nous devions avoir le salut du Saint Sacrement. La phalange musicale du pèlerinage se place dans le chœur, et là, accompagnées sur l'orgue par l'habile abbé **Grauleau**, les meilleures solistes interprètent un délicieux *Ave Maria*, à deux voix, de Saint-Saëns.

Puis un bon père franciscain monte en chaire, et, dans cette suave et mélodieuse langue du Dante, il nous adresse une substantielle allocution, laquelle, jointe à l'insomnie, à la fatigue et au poids du jour, eut pour effet de bercer harmonieusement la plupar de nos jeunes pèlerines et de les envoyer, jusqu'à la fin du sermon, chercher au Ciel la touchante interprétation des paroles du prédicateur.

Ceux qui, moins aptes à s'élever dans les célestes régions, restèrent en communication avec le bon père franciscain, lui surent gré d'avoir loué la foi des anciens jours des catholiques français, accourant à l'appel du Souverain Pontife, et venant, au passage, rendre un si pieux hommage au grand saint François.

Un *Tantum ergo*, chanté à l'unisson avec accompagnement de l'orgue, fut suivi de la bénédiction solennelle du Saint Sacrement, et chacun ensuite chercha à satisfaire sa dévotion particulière.

Nous entrons dans la Portioncule, guère plus petite que la Santa Casa ; elle est revêtue et ornée de peintures représentant l'histoire franciscaine, et tapissée d'innombrables ex-voto. L'obscurité intérieure ne nous permet pas d'examiner l'antique tableau de *Notre-Dame des Anges*, placé au dessus de l'autel, mais c'est de tout cœur que nous supplions cette bonne Mère de nous faire participer aux faveurs insignes de son cher petit sanctuaire.

Nous entrons ensuite dans la cellule ou infirmerie de saint François. C'est là que, le

4 octobre 1226, le Séraphin d'Assise rendit le dernier soupir, étendu sur un lit de cendre.

Puis, à la hâte, nous allons, à l'extrémité d'une galerie, vénérer la végétation miraculeuse, autrefois de ronces et d'épines, au milieu desquelles le saint s'était roulé pour triompher du démon du relâchement, et que Dieu, en échange, transforma en rosiers merveilleux.

Mais déjà, de la gare voisine, le sifflet strident de la locomotive se fait entendre : il faut partir.

Pèlerins d'un jour, nous ne pouvons pleinement rassasier la pieuse avidité de nos cœurs, mais, du moins ici, la tristesse de l'adieu est tempérée par une radieuse espérance : Rome ! Rome nous attend, et ce soir nous serons dans ses murs !

*
* *

A trois heures nous commençons notre dernière étape. La chaleur est plus forte que les jours précédents. Peu à peu, l'ardeur du soleil diminue, et nous pouvons admirer à l'aise les sites pittoresques qui se déroulent sous nos yeux. Ce qui ajoute à l'harmonie du paysage, c'est la vue de torrents écumeux, ou de cours d'eau qui sillonnent ces campagnes et entretiennent une végétation florissante.

La première station importante que nous traversons est **Foligno**, à l'embranchement de la ligne de Florence à Pescara, ville de trente mille habitants, située dans une vallée fertile.

On dit que Foligno souffrit beaucoup du tremblement de terre qui ravagea la contrée en 1832.

Puis **Spoleto**, qui depuis l'année 1220, appartenait aux États de l'Église et que les Piémontais prirent en 1860, après une vigoureuse défense qu'en fit le major irlandais O'Reilly, valeureux catholique au service du Pape.

Je suis heureux de trouver l'occasion d'envoyer un salut amical à ce brave camarade d'armes, et un hommage d'admiration à sa nation chevaleresque et fidèle à ses croyances, qui a produit beaucoup de vaillants soldats comme lui.

« L'affection des Irlandais pour la France, remarque Charles de Montalembert dans ses *Lettres*, est tenace et générale. Comment ne pas aimer ceux pour qui l'on a versé son sang? Or, d'après les archives du ministère de la guerre, plus de sept cent mille Irlandais sont tombés pour la France sur tous les champs de batailles du monde, au cours de nos grandes guerres. »

Près de **Terni**, patrie de l'historien Tacite et de l'empereur romain du même nom, nous apercevons les célèbres cascades du Vélino, qui ont une hauteur totale d'environ deux cents mètres et trois chutes perpendiculaires de vingt, soixante et cent mètres, où l'eau rebondissant en écume sur les rochers, produit une poussière d'eau dont les rayons du soleil font une fontaine lumineuse.

Puis nous traversons le Tibre (*Tevere*), qui descend de l'Apennin toscan, à l'ouest de Florence, passe à Pérouse, à Foligno, à Rome, et se jette dans la Méditerranée, à Ostie.

Ce fleuve fameux dont les rives virent tant de scènes historiques, et roulèrent tant de flots de sang, se présente à nous sous un aspect tout bénin, tout champêtre, reflétant de ses eaux un peu jaunâtres, cependant, la riante verdure qui l'environne.

Je devrais moins le chanter, ce fleuve, car au lendemain de la prise de Rome, le 20 septembre 1870, ayant été envoyé en parlementaire auprès des généraux garibaldiens Bixio et Cadorna, pour obtenir d'eux que nous, Français, de la légion d'Antibes, fussions traités en belligérants et non livrés aux insultes de la canaille révolutionnaire qui marchait à la suite de l'armée envahissante, revenant d'accomplir cette mission, et quoique je fusse sous la sauvegarde d'un officier piémontais, ma voiture fut prise d'assaut par une tourbe ignoble, et une partie de mes bagages jetée du haut du pont Saint-Ange dans le Tibre. De grands coups de sabre appliqués à plat sur la tête de ces malandrins, tant par l'officier que par moi, réussirent à sauver le reste (1).

***

Courte halte à **Orte,** jadis *Horta,* où un dîner portatif nous est délivré par le buffet, pour être pris en route.

Déjà la nuit s'annonçait. La campagne prenait cette teinte silencieuse et mélancolique qui en précède l'arrivée complète; et, des nombreux clochers, dont nous apercevions les sommets, demeures où le bon Dieu veille toujours, on entendait tinter l'heure de l'*Ave Maria.* L'Italien est fidèle à invoquer la Madone, lorsqu'il entend cette cloche

(1) *Historique de la légion d'Antibes. Pèlerinage national à Rome et Jérusalem, 1893*, par le colonel Prévot,

Et nous, quoique à l'étranger, ne nous rappelle-t-elle pas le plus tendre et le plus doux de nos souvenirs !

.........« du Dieu des champs, la rustique demeure !
» J'entends l'airain frémir au sommet de ses tours ;
» Il semble que dans l'air une voix qui me pleure
» Me rappelle à mes premiers jours. »

(LAMARTINE, *la Vie champêtre.*)

Enfin il est nuit complète; une secrète impatience agite tous les cœurs en songeant à ce terme ardemment désiré, que chaque tour de roue rapproche. C'est ce que les coutumiers des voyages nomment la fièvre du départ ou la fièvre de l'arrivée. Des têtes curieuses se succèdent aux portières des wagons, et, interrogeant les ténèbres, semblent répéter l'une après l'autre : Rome ! Rome ! Est-ce toi ?

Au loin, pourtant, bien loin, se dessinent des clartés indistinctes, elles s'accentuent, se rapprochent. De longs sifflements de la locomotive paraissent être des appels significatifs. De grandes ombres apparaissent par instants, comme les sentinelles de la cité. Tout, enfin, révèle nettement l'approche d'une grande ville. Plus de doute; nous arrivons... *Roma! Roma!... Ecco Roma!*

LE FORUM ROMAIN

d'après une photographie de Mlle JEANNE GIZARD.

CHAPITRE III

Cependant le train ralentit sa course; nous entrons en gare au milieu de longues rangées de réverbères lumineux et d'immenses convois noirs immobiles. Un brouhaha, fait de mille bruits confus, frappe nos oreilles; les quais sont garnis de personnages de toute condition, au milieu desquels apparaît, grave et silencieux, le gendarme, cette image du droit sous les apparences de la force. Mais des visages amis se montrent : ce sont nos fidèles sous-directeurs, qui nous reçoivent à la descente, nous groupent, nous dirigent. — Avec eux nous traversons ce dédale et arrivons à la sortie de la gare, sur la place *dei Termini*. Nous touchons de nos pieds le sol de la Ville éternelle et nous en respirons le parfum. Il est 9 h. 45.

Mais ni l'heure, ni le lieu ne sont propices aux émotions et aux pensées graves et recueillies : chaque chose aura son tour. Pour l'instant la préoccupation principale est de gagner au plus tôt le gîte qui nous a été préparé.

C'est alors qu'une scission momentanée va se produire entre les membres si unis de notre communauté voyageuse.

Quelques prêtres, plusieurs dames, vont aller prendre leurs pensions dans divers couvents : Sacré-Cœur, Cénacle, Réparatrices, Sœurs de la Sagesse, Maison Saint-Louis des Français.

La majorité du groupe, c'est-à-dire les clients de l'AGENCE LUBIN, au nombre de soixante-dix environ, vont être transportés à l'hôtel de Milan, par les omnibus qui les attendent à la gare.

Arrivant à Rome pour la cinquième fois, après l'avoir habitée pendant plusieurs années, ce n'est pas mon impression personnelle que je vais exprimer ici ; elle serait peut-être moins enthousiaste, parce que nulle beauté moderne ne pourra effacer de mon souvenir l'antique Rome, la Rome papale, dont aucun usurpateur, encore, n'avait fait une prison.

Pendant le trajet, assez long, que je faisais avec quelques pèlerins, de la gare à l'hôtel de Milan, l'un de mes voisins considérait avec plaisir la grandeur, la majesté matérielle de notre capitale catholique. Ses rues larges et spacieuses, au brillant éclairage électrique, au pavage parfaitement nivelé : ses maisons vastes et hautes, à l'architecture simple et grandiose : le tout excitait son admiration. Cette vue agréable est parfaitement justifiée par l'élégance des nouvelles constructions, et je conçois l'impression favorable que l'entrée dans la Rome actuelle peut faire éprouver au voyageur; mais je suis inconvertissable sur ce point : cette prison dorée est toujours pour moi le cachot dans lequel la Révolution impie a enfermé le Chef de la catholicité; le guide infaillible de nos croyances; le plus auguste des souverains. Je dirai plus tard ce que je pense de cet éclat trompeur.

Enfin nous arrivons sur la place Monte-Citorio, où s'élève l'important hôtel de Milan. En quelques minutes la distribution des numéros des chambres s'effectue. On prend d'assaut le bureau du courrier; puis les jeunes pèlerins, favorisés de logements plus près du ciel que de la terre, quoique très habitables, jouissent d'un ascenseur hydraulique qui les dépose à la porte de leurs demeures.

L'horloge sonore de la Chambre des députés, située vis-à-vis l'hôtel, est une garantie d'exactitude pour tous. On se souhaite une bonne nuit, en désirant déjà d'être au lendemain.

ROME

Dimanche 22 avril.

Rome! la Rome chrétienne! Cet autel sur lequel l'humanité croyante dépose le tribut de son amour et de son obéissance filiale.

Rome! la parole qui trace la voie du devoir et qu'on écoute à genoux.

Rome! enfin, c'est-à-dire Saint-Pierre, le Vatican, le Pape, cet éternel vieillard, qui, sous la succession d'une humanité fragile, cache l'indéfectible assistance de Celui qui a promis d'être avec lui jusqu'à la consommation des siècles.

Ville baptisée, sanctifiée, transfigurée par dix-neuf siècles de papauté. Embaumée du sang des martyrs. Champ de repos de tant d'athlètes du Christ qui ont illustré ton Colisée et tes Catacombes.

Rome, ville sainte, je te salue.

***

Dès l'aube d'une belle journée printanière, toute notre pieuse colonie est sur pied. Le rendez-vous est à Saint-Louis des Français, à huit heures, pour y entendre la messe. L'église Saint-Louis, située à quelques minutes de marche de notre hôtel, va devenir notre maison de famille spirituelle, le foyer religieux de nos rencontres.

A Saint-Louis des Français, nous nous sentons chez nous, par les usages, l'esprit, les dispositions matérielles des choses du culte. Nos prêtres y reçoivent un fraternel accueil, car le clergé desservant Saint-Louis est composé uniquement de compatriotes sous la haute direction de Mgr d'Armailhacq, qui, de plus, est Bordelais.

C'est avec grande satisfaction, que, de retour à Bordeaux, j'adresse à ce digne pasteur le meilleur et le plus reconnaissant souvenir du pèlerinage entier.

La belle église Saint-Louis des Français, construite en 1589, aux frais de Catherine de Médicis, régente de France, fut, de tout temps, l'église nationale des Français, à Rome.

Pendant la durée de l'occupation française, elle servait de paroisse à notre armée.

Un monument funèbre, en forme de grande pyramide, y fut élevé à la mémoire des soldats et des officiers français morts au siège de Rome, en 1849.

Dans cette église reposent aussi les corps du magnanime Georges de Pimodan, général commandant l'infanterie pontificale, tué au combat de Castelfidardo, le 18 septembre 1860, et celui du colonel d'Argy, chef de la légion franco-romaine, décédé à Rome, le 26 janvier 1870.

Je devais cet hommage à la mémoire des braves soldats, martyrs de leur foi religieuse et militaire, qui reposent dans cette église française. Mais, pendant la durée de notre séjour à Rome, je n'aurai plus en vue que l'accomplissement des exercices religieux du Jubilé. Les émotions que ces cérémonies excitent dans nos âmes doivent primer toutes les autres : nous sommes des pèlerins catholiques, attirés à Rome par un grand acte religieux, et non des touristes venant satisfaire leur curiosité dans la grande ville.

Du reste, le programme des exercices jubilaires laisse à chacun de nous la possibilité de parcourir Rome chaque jour, après les cérémonies générales, soit individuellement, soit réunis, en voiture, aux frais de l'Agence Lubin.

Sous la conduite d'excellents guides professionnels, suivant un tracé d'itinéraire adopté pour la visite annuelle du pèlerinage ouvrier que conduit M. Léon Harmel, nous pouvons, chaque jour, visiter un quartier différent. Ce qui permet, malgré la courte durée de notre séjour à Rome, d'emporter un souvenir suffisant de la Rome chrétienne, historique, artistique et antique.

A la messe, célébrée ce matin à Saint-Louis des Français par notre Directeur général, nous avons entendu de très beaux chants exécutés à la tribune du grand orgue, par **M. Sursol** et ses confrères, **MM. Grauleau** et **Balestard**, tous excellents musiciens. Notre chorale de pieuses pèlerines devait, pour la première fois, faire retentir les voûtes des églises de Rome du chant national *Catholique et Français toujours!* suivi des accents entraînants de l'*Ave Maria de Lourdes*; l'exécution de ces chants fut remise aux visites suivantes.

La messe terminée, on se sépare, pour se retrouver bientôt : le programme de cette journée de dimanche indique une visite du pèlerinage entier au tombeau des saints Apôtres, et à Saint-Pierre du Vatican, à neuf heures et demie du matin.

Durant le trajet de Saint-Louis à l'hôtel de Milan, il me souvient d'un spectacle touchant, auquel nous fûmes d'autant plus sensibles que notre pauvre France, laïcisée, pour ne pas dire judaïsée, par la secte qui s'est emparée de sa direction, ne saurait, hélas! nous en offrir de semblables.

Dans quelques petites rues qui avoisinent l'église de la Madeleine, la plupart des maisons sont ornées de blanches draperies et de guirlandes. Les habitants sont rangés en grand nombre auprès de leurs demeures. Les passants s'arrêtent, et attendent dans un silence recueilli.

Bientôt apparaît un modeste cortège d'enfants, de femmes et d'hommes, tous tenant pieusement en main des cierges allumés. Puis, sous un dais, un prêtre en surplis, escorté de quelques clercs; c'est la procession du Viatique.

Pendant la durée du temps pascal, une procession semblable sort tour à tour des églises désignées, pour aller porter aux malades la consolation et la force. Le Dieu de l'Eucharistie va visiter ceux qui ne peuvent plus venir le recevoir; et, parmi cette population chrétienne, c'est un honneur de s'associer à cette fête du Saint Sacrement.

D'ailleurs il y a indulgence pour tous ceux qui accompagnent Jésus-Hostie dans les rues, ou qui s'agenouillent sur son passage.

D'autres usages encore, dans la capitale du monde catholique, nous causeront une surprise émue : par exemple le gain de l'indulgence accordée aux habitants qui indiquent le chemin aux étrangers. Indépendamment de ses avantages pratiques, cette coutume a un sens profondément religieux : c'est qu'à Rome, dans la pensée de l'Église, tout étranger est un pèlerin, c'est-à-dire un catholique, un frère en quête de la maison paternelle.

De retour à l'hôtel de Milan, les clients de l'AGENCE LUBIN trouvent le petit déjeuner servi dans une salle à manger confortable, indépendante, qui leur sera exclusivement réservée pendant toute la durée de leur séjour. C'est la table de famille, présidée par notre vénéré Directeur, et c'est là que, le plus souvent, le mot d'ordre journalier sera donné aux pèlerins.

Fidèles à l'accomplissement du programme déjà commencé ce matin, nous nous trouvons réunis à l'heure dite sous l'immense portique de la basilique Vaticane.

Nous avons vu, en traversant la magnifique place Saint-Pierre, qu'entourent deux belles colonnades de forme elliptique composées de deux cent quatre-vingt-quatre colonnes et vingt-huit pilastres formant trois galeries, le superbe obélisque qui en occupe le centre. Peut-être ignorions-nous alors, qu'en passant devant cet obélisque, que surmonte une croix de fer, dans laquelle

une parcelle de la vraie croix est contenue, nous pouvions gagner une indulgence de dix années, en récitant un *Pater* et un *Ave*.

Mais cet obélisque mérite encore une autre description ; nous en reparlerons à la sortie.

Nous entrons dans la basilique par la Porte Sainte, quoique ce ne soit pas encore le commencement des huit visites jubilaires fixées par le rescrit de la Sacrée Pénitencerie, pour gagner l'indulgence du jubilé.

Cette première visite est un hommage de reconnaissance, et la réalisation d'un pieux et impatient désir que nous accomplissons, nous, pèlerins-voyageurs, parvenus heureusement au terme de notre voyage.

Nous nous agenouillons un instant devant l'autel du Très Saint Sacrement. Puis, continuant notre marche dans l'immense nef, nous nous rendons à l'autel de la Confession, autour duquel nous nous mettons en prière.

L'autel de la Confession est ainsi nommé, parce que ce lieu fut baigné du sang des martyrs.

Dans la crypte repose une partie des corps de saint Pierre et de saint Paul. Ce monument est remarquable de richesse et de beauté : quatre-vingt-quinze lampes de bronze doré y brûlent jour et nuit.

Une belle statue de marbre, œuvre de Canova, représente le Pape Pie VI, dans l'attitude de la prière.

De là, continuant notre visite sommaire, car il faudrait de longues journées pour visiter en détail la basilique, nous voyons la Chaire de saint Pierre, soutenue par quatre colonnes torses de bronze doré, de douze mètres de hauteur. La hauteur totale de ce superbe baldaquin, de même métal, est de quarante-deux mètres.

Levant les yeux, nous admirons la grande coupole, partie la plus étonnante de la basilique, sur la frise de laquelle est tracé en mosaïque, de deux mètres de hauteur, ce texte de l'Évangile : *Tu es Petrus, et super hanc Petram ædificabo Ecclesiam meam, et tibi dabo claves regni cœlorum.* Elle mesure cent dix-sept mètres de haut, jusqu'à la voûte de la lanterne, et cent quarante-un mètres de hauteur totale extérieurement.

Je ne continuerai pas l'énumération des merveilles de tout genre que la basilique renferme : cette narration seule remplirait un volume. Les mosaïques, les statues, les marbres, les groupes, les dorures, les bénitiers : tout surprend et produit une admiration indicible.

La première impression qu'on éprouve en

entrant dans la basilique de Saint-Pierre, ne répond cependant pas à la grandeur des proportions réelles de ce monument : on l'estime plus petite qu'elle n'est en réalité. C'est une erreur d'esthétique produite par l'admirable entente des proportions et aussi par l'absence de lignes prolongées dans le tracé de la croix latine qui sert de base aux parties inférieures de l'édifice. Que l'on fixe attentivement la grande voûte de la nef principale, on verra aussitôt combien l'espace grandit à l'œil. La basilique mesure cent quatre-vingt-sept mètres de longueur; quarante-six mètres de hauteur sous voûte, et soixante-quatre de largeur. Les anges des bénitiers, qui, à distance paraissent être de la stature d'enfants ordinaires, ont deux mètres de hauteur.

On a calculé que la basilique de Saint Pierre pouvait contenir cinquante-quatre mille personnes, et Notre-Dame de Paris vingt-un mille.

A ce moment plusieurs milliers de fidèles étaient présents dans la basilique ; les uns se pressaient dans les chapelles où la messe était célébrée ; les autres étaient agenouillés à la Confession des apôtres. Enfin des groupes de visiteurs sillonnaient en tous sens la vaste enceinte.

Avant de nous retirer, nous allons baiser

le pied de la statue de saint Pierre, statue colossale, coulée en bronze. Ce pied est visiblement usé par les lèvres des fidèles, qui depuis des siècles viennent y déposer le tribut de leur soumission et de leur amour.

Sortis de Saint-Pierre, jetons encore un regard sur le superbe obélisque qui se dresse majestueusement devant la basilique, et lisons, avec joie et confiance, ces mots qui annonceront toujours le triomphe de l'Église :

Christus vincit!
Christus regnat!
Christus imperat!

De la place Saint-Pierre à un point quelconque de la ville, les moyens de transports publics abondent. La place de Venise est le point initial de ces transports, comme elle en est aussi le point de retour.

Cependant les distances qui séparent les diverses basiliques peuvent être franchies à pied.

Peut-être est-ce le moment de les indiquer ici :

De Saint-Pierre à Sainte-Marie-Majeure, il y a cinq kilomètres neuf cent soixante mètres.

De Sainte-Marie-Majeure à Saint-Jean de Latran, un kilomètre quatre cent quatre-vingt-neuf mètres.

De la Porte Sainte de Saint-Pierre à Saint-Paul Hors les Murs, sept kilomètres quatre cent quarante-sept mètres.

De Saint-Jean de Latran à Saint-Paul Hors les Murs, cinq kilomètres neuf cent cinquante-sept mètres.

Voilà donc notre premier salut adressé à la Confession de saint Pierre, devant la tombe glorieuse de ce pêcheur de Galilée, sur lequel le Christ a fondé son Église : société universelle des âmes, gardienne des révélations du Christ, de son commandement, de ses droits, de son autorité et de ses grâces. Reine et Mère, elle unit les intelligences, les consciences et les cœurs sous le sceptre pacifique d'un Pontife et d'un Père, qui, Vicaire du Christ, est l'organe infaillible de sa foi et de sa loi.

Nous rentrons individuellement ou par groupes ; les uns en voiture, les autres traversant à pied le Tibre, devant le château Saint-Ange, surmonté de la belle statue de l'archange saint Michel, remettant son épée au fourreau.

Pendant une violente peste, qui, en l'an 590, ravageait la ville de Rome, une procession que conduisait le pape saint Grégoire le Grand, nu-pieds et couvert d'un sac de pénitence, tenant en ses mains l'image de la Madone, arrivait en face du mausolée d'Adrien ; on entendit alors une voix angélique entonner le *Regina Cœli, lætare, alleluia*. Le Pontife et le peuple, pénétrés de joie, s'agenouillèrent, et saint Grégoire, inspiré, s'écria : *Ora pro nobis, Deum, alleluia !*

A ce moment, un ange, se posant sur la cime du mausolée, remit son épée dans le fourreau, en signe de pardon et d'apaisement. La peste cessa aussitôt.

De retour à l'hôtel, et notre repas pris en commun, le programme du jour indiquait une réunion à une heure et demie, sur la place Monte-Citorio, pour parcourir, partie en voiture, partie à pied, l'itinéraire A du *Guide Harmel*. J'avoue n'avoir pas toujours accompagné mes chers co-pèlerins dans les visites collectives qu'ils faisaient. Du reste, je ne pourrais donner à mon récit un tel développement : je me bornerai donc à n'indiquer que les points principaux de chacun de ces itinéraires.

C'était, en ce qui concerne ce jour, une visite à l'église *Sainte-Pudentienne*. Après avoir honoré le Souverain Pontife, ce matin, nous devions un souvenir religieux tout particulier à notre Pontife, S. E. le cardinal Lecot, titulaire de cette église.

Notre Directeur avait envoyé dès le matin, à Son Eminence, un télégramme pour lui annoncer l'heureuse arrivée du pèlerinage bordelais, et la réponse de Son Éminence, avec sa bénédiction, nous était déjà parvenue et nous avait été annoncée au repas.

Entrait aussi dans notre programme de ce jour le parcours suivant : la *Fontaine de Trévi*, — le *Quirinal*, — la *Basilique Sainte-Marie-Majeure*, — *Saint-Laurent Hors les Murs*, — *Sainte-Marie des Anges*, — la *Promenade du Pincio*, — la *Place d'Espagne*.

Au retour, les pèlerins devaient se trouver à six heures à Saint-Louis des Français, pour une réunion préparatoire au Jubilé.

Ils y étaient en totalité.

Mgr **Radini Tedeschi**, chanoine de Saint-Pierre, directeur des pèlerinages, était venu nous faire connaître d'une manière précise les conditions du Jubilé. Il salue d'abord en termes chaleureux et sympathiques les pèlerins de Bordeaux, leur souhaite la bienvenue à Rome, et donne les avis nécessaires.

La bénédiction du Saint Sacrement termina cette pieuse cérémonie.

Programme de la journée.

Lundi 23 avril.

A sept heures et demie, visite jubilaire et messe à *Saint-Pierre du Vatican*. — A dix heures, visite jubilaire à *Sainte-Marie-Majeure* et ensuite à *Saint-Jean de Latran*. — A une heure, réunion sur la place *Monte-Citorio*, et parcours de l'itinéraire B, comme la veille.

Fidèles au rendez-vous indiqué, nous étions tous groupés autour de notre Directeur, sous le portique de la basilique Vaticane. On nous dispose pour entrer processionnellement par la Porte Sainte. Précédés de la croix, qu'on m'a décerné l'honneur de porter, nous entrons dans l'insigne basilique, au chant du *Miserere*, les prêtres en tête, les hommes et les dames ensuite. Sous la conduite de Mgr Radini Tedeschi, nous nous agenouillons d'abord devant l'autel du Saint Sacrement, puis à l'autel de la Sainte Vierge et enfin à l'autel de la Confession des Apôtres. A chacune de ces stations nous récitons les prières indiquées dans le *Manuel des Pèlerins*.

Ainsi se feront toutes nos visites jubilaires. à *Sainte-Marie-Majeure*, à *Saint-Jean de Latran*, à *Saint-Paul Hors les Murs :* nos prières alternant avec nos chants. Et ces chants, que sous la direction de l'abbé **Sursol**, nous exécutions avec entrain, éveillaient non seulement les échos des basiliques romaines, mais (entre nous, Bordelais, nous pouvons bien le dire), ils éveillaient aussi la curiosité sympathique des fidèles, qui se pressaient autour de nous. Un jour même, à Saint-Jean, un cantique français nous valut l'honneur inespéré de voir accourir à nous un éminent cardinal, à qui nos voix venaient de rappeler la patrie absente et toujours regrettée, nous l'avons bien vu.

Cette heureuse rencontre nous valut de plus la haute faveur d'être admis à vénérer, à la suite de l'éminent cardinal, la table sur laquelle Notre Seigneur célébra la dernière Cène, et institua la Très Sainte Eucharistie. Cette table, placée dans un sanctuaire, derrière des grilles de fer, est recouverte de larges feuilles de cristal.

Et, puisque je parle de chants : qu'ils furent délicieux, ceux que nous entendîmes à Saint-Louis des Français, pendant les deux messes de communion jubilaire, et à la Minerve, pendant la messe du cardinal Macchi ! où

M. **Sursol**, aidé parfois de MM. **Balestard** et **Grauleau**, sut si bien traduire les sentiments d'amour et de foi qui nous animaient. Mais nous reparlerons plus loin des honorables rencontres que nous mentionnons ici.

A la fin de notre station jubilaire à Saint-Pierre, nous entendons la messe, à l'autel du Saint Sacrement, célébrée par M. **Izans**, curé de Saint-Louis.

Puis, de retour à l'hôtel, nos voitures nous transportèrent à dix heures à Sainte-Marie-Majeure, et après, à Saint-Jean de Latran, où nous devions faire aussi notre première visite jubilaire.

Je n'en referai pas le détail, en tout semblable à celui du matin.

A la sortie de Saint-Jean, au milieu d'une affluence considérable de pèlerins de la ville, de pèlerins de la campagne ou de nombreux pèlerinages étrangers qui se succédaient sans interruption à l'entrée de la Porte Sainte, et ressortaient ensuite par les autres portes, nous voyons apparaître, dans sa voiture, la reine Marguerite, en très modeste équipage, accompagnée d'une dame d'honneur.

Certains prétendirent, que, très privée de ne pouvoir, comme tous les fidèles, pénétrer dans les basiliques, pour y faire ses stations jubilaires, elle les faisait extérieurement.

Simple supposition, mais grande probabilité, cependant : car on sait, de source très certaine, que la reine Marguerite souffre, dans sa foi de chrétienne et dans l'attachement qu'elle a pour le Pape, de la triste condition que la spoliation de ses États a faite à l'Église. Plusieurs fois se mettant en opposition avec le ministre Crispi, qu'elle considérait comme nuisible à la politique de l'Italie et aux intérêts du roi Humbert, son époux, elle a attribué les malheurs qui s'appesantissent sur sa nation, à la politique persécutrice du gouvernement contre la Papauté. Mais la pauvre reine est impuissante à y remédier.

« C'est de la brèche de la Porta Pia, dit-elle » souvent, que nous viennent tous nos mal- » heurs : nous n'échapperons pas au châti- » ment de la prise de Rome ! » Comme elle jouit seule de quelque popularité et du respect unanime de la population, son opposition ne manque pas de créer des difficultés au ministère irréligieux et révolutionnaire qui gouverne l'Italie.

Nous en étions exactement à ce point de notre récit, lorsque un journal du matin nous apprend l'assassinat du roi d'Italie, Humbert Ier, tombé, le dimanche 29 juillet, sous le revolver d'un de ces abominables conspirateurs que la Franc-Maçonnerie et les sociétés secrètes entretiennent pour l'accomplissement de leurs desseins criminels dans le monde.

Humbert Ier était, en Italie, un roi façonné par Garibaldi et Crispi ; il avait collaboré, même les armes à la main, à l'œuvre révolutionnaire et antireligieuse. Il meurt à l'âge de cinquante-six ans, après vingt-deux ans de règne, à Monza. La pieuse reine Marguerite prophétisait, en disant : « C'est de la brèche » de la Porta Pia que nous viennent nos » malheurs. »

Ce chef d'un royaume fondé par les sociétés secrètes et la révolution, meurt frappé par un membre d'une société secrète et révolutionnaire.

Nos exercices religieux de la journée étant terminés, chacun peut disposer de son temps suivant ses goûts. La plupart des pèlerins se rendent sur la place Monte-Citorio, à une heure, où sous la conduite de nos guides, ils vont commencer le parcours de l'itinéraire B, dont le détail est ci-après :

Le *Capitole,* — le *Colisée,* — *Saint-Jean de Latran,* — *Sainte-Croix de Jérusalem,* — *Saint-Clément,* — *Saint-Pierre aux Liens.*

Programme de la journée.

Mardi 24 avril.

A huit heures, messe de communion générale à *Saint-Louis*. — A dix heures, réunion à *Monte-Citorio* et itinéraire C, dans sa partie centrale. — A trois heures, réunion à *Saint-Louis*. — Visite jubilaire à *Saint-Paul Hors les Murs*. — Visite des *Catacombes* (en voiture).

Dès la veille chacun s'était mis en mesure de pouvoir prendre part le lendemain à la communion générale qui nous assurait le gain complet du Jubilé.

Tous nos prêtres étaient restés une grande partie de la journée à Saint-Louis, à la disposition des pèlerins. D'autres pèlerins que leurs courses dans Rome avaient amenés près de l'une des trois grandes basiliques : Saint-Pierre, Saint-Jean, Sainte-Marie-Majeure, s'étaient adressés à l'un des grands-pénitenciers ayant mission d'entendre les confessions des fidèles.

Les pénitenciers, à Rome, sont des religieux prêtres, des différentes nations catholiques,

L'ARC DE TITUS A ROME

d'après une photographie de Mlle JEANNE GIZARD.

pour entendre les confessions et absoudre des cas réservés au Pape. A Saint-Pierre, on confesse en dix langues différentes. Ces religieux, qui stationnent dans leurs confessionnaux, sont munis d'une longue baguette dont ils frappent légèrement la tête des passants qui le demandent, ou qui, s'inclinant devant eux, semblent le désirer. Quarante jours d'indulgence sont attachés à cet acte d'humilité.

« Le coup de baguette est une dernière trace de la coutume établie chez les Romains, qui affranchissaient leurs esclaves en leur donnant un coup de verge sur la tête. Dans l'Église catholique c'est un symbole d'affranchissement de l'âme, pourvu que le chrétien se trouve dans les conditions voulues. » (Chanoine Bleser : *Rome et ses monuments.*)

A dix heures, ceux des pèlerins qui s'étaient rendus sur la place Monte-Citorio, pour suivre les guides dans le parcours de l'itinéraire C, indiqué à la page 67 du *Guide Harmel*, visitèrent successivement : le *Vélabre*, — les *Thermes de Caracalla*, — le *Gesù*.

Il m'en coûte d'abréger mon récit de tout ce que pourrait nous inspirer la vue des merveilles religieuses, énoncé seulement par les programmes de nos visites dans Rome.

Après les quatre grandes basiliques et Saint-

Louis des Français, notre paroisse, je veux du moins saluer d'ici les pieux sanctuaires qu'affectionnaient particulièrement nos soldats, au temps de l'occupation française.

L'église *Sainte-Pudentienne*, la plus ancienne de Rome, Là demeurait le sénateur Pudens, que saint Pierre convertit. Pudens y vivait avec ses saintes filles, Praxède et Pudentienne, qui préludaient déjà au martyre de tous les leurs, en allant, la nuit, recueillir les corps des suppliciés, éponger leur sang et descendre leurs restes dans des puits de leur demeure, qu'on voit encore aujourd'hui.

Sainte-Cécile, au Transtévère, — *Sainte-Agnès*, place Navone, — *Saint-Sébastien*, sur la voie Appienne, — *Sainte-Agnès*, hors la porta Pia, et ses catacombes, recevaient fréquemment nos visites.

Deux faits importants se rattachent à la basilique Sainte-Agnès, hors la porta Pia : l'écroulement du plancher d'une chambre dans laquelle, le 12 avril 1855, le pape Pie IX se trouvait, entouré des élèves du collège de la Propagande, et où personne ne fut blessé ; puis l'entrée à Rome des envahisseurs sacrilèges, le 20 septembre 1870, par la brèche qu'ils firent à cette porte.

A Saint-Pierre aux Liens, nous eûmes la satisfaction d'aiguiser la lame de nos sabres sur les chaînes de saint Pierre, avant le dernier combat, où, la vaillance de l'armée pontificale succombant sous le nombre des ennemis, Pie IX et ses soldats devinrent les prisonniers du vainqueur.

Sainte-Sabine et l'oranger qu'y planta saint Dominique, — *Sainte-Marie in Ara Cœli,* la porte du ciel, et son divino Bambino, — la prison *Mamertine,* — le *Colisée,* — la *Scala Santa,* que Notre Seigneur monta et descendit quatre fois dans la matinée de sa Passion. Et le *Sancta Sanctorum*: « *non est in toto sanctior orbe locus.* »

La basilique de *Sainte-Croix de Jérusalem* et ses précieuses reliques : touchants souvenirs !

Je voudrais m'arrêter, mais ma plume, guidée par mon cœur, marche toute seule et me fait ajouter encore : la belle église du *Gesù,* qui conserve le corps de saint Ignace de Loyola, — l'église même de *Saint-Ignace,* où reposent les restes de saint Louis de Gonzague et de saint Berckmans, ces modèles de la jeunesse vertueuse, — *Sainte-Marie de la Minerve,* où est conservé le corps de sainte Catherine de Sienne. Ce beau couvent est confisqué aujourd'hui par le gouvernement laïcisateur, — *Saint André delle Fratte,* célèbre par la conversion miraculeuse du juif

Ratisbonne, — la *Trinité-des-Monts* et sa madone *Mater admirabilis,* — l'église *Sainte-Marie des Martyrs* ou *Panthéon,* dans laquelle furent déposés vingt-huit chariots d'ossements provenant des Catacombes, — *San Pietro in Montorio,* lieu où, sur sa demande, saint Pierre fut crucifié la tête en bas, — enfin *Sainte-Marie de la Victoire,* dont la voûte est ornée de nombreux drapeaux pris sur les ennemis de Dieu. Je m'arrête à ce souvenir consolant du triomphe que la sainte Vierge Marie saura toujours accorder aux défenseurs de l'Église.

Avec Saint-Louis des Français, Sainte-Marie de la Victoire était l'église où, chaque dimanche, la légion franco-romaine se rendait en armes à la messe.

Mais revenons au programme de ce jour, interrompu par mes réminiscences romaines.

A trois heures, tous réunis à l'église Saint-Louis, où nos voitures stationnent, notre caravane se dirige sur *Saint-Paul Hors les Murs,* pour faire successivement nos deux visites jubilaires, que séparera une visite à *Saint-Paul-Trois-Fontaines.*

Sortant par la porte Saint-Sébastien et suivant la voie Appienne, parsemée de sépul cres et de monuments, nous rencontrons la chapelle dite de *Domine quo vadis?* bâtie à l'endroit où saint Pierre, fuyant la persécution, rencontra Notre Seigneur se dirigeant vers Rome. « Seigneur, où allez-vous? lui dit l'apôtre. — Je vais me faire crucifier de nouveau », répondit le Sauveur. Pierre comprit et retourna vers Rome.

Nous arrivons à l'église *Saint-Sébastien*, l'une des sept basiliques de Rome. Cette église est bâtie sur le cimetière de Saint-Calixte; elle est fort remarquable par la quantité de reliques qu'elle contient et particulièrement parce qu'on y vénère le corps de saint Sébastien, qui est conservé sous le maître-autel, ainsi qu'une flèche et la colonne sur laquelle le saint martyr fut attaché.

Après y avoir fait nos dévotions, nous pénétrons dans les catacombes attenantes à la basilique. La voie Appienne compte trois catacombes d'une importance très grande, celles de *Saint-Sébastien,* de *Saint-Calixte* et de *Prétextat*.

Je ne saurais faire, en quelques lignes, la description de ces immenses catacombes, longues galeries souterraines en forme de labyrinthes, berceau de la religion chrétienne. Je renvoie donc mes lecteurs aux nombreux guides du voyageur catholique visitant Rome.

Pour célébrer à la fois toutes les Catacombes, je donne, ci-après, la belle poésie de Mgr Gerbet, intitulée :

LES CATACOMBES DE ROME

Hier, j'ai visité les grandes Catacombes
Des temps anciens ;
J'ai touché de mon front les immortelles tombes
Des vieux chrétiens.
Et ni l'astre du jour, ni les célestes sphères,
Lettres de feu,
Ne m'avaient mieux fait lire, en profonds caractères,
Le nom de Dieu.
C'est là que chacun d'eux, près de sa tombe prête,
Spectre vivant,
S'exerçait à la lutte, ou reposait sa tête,
En attendant.
Pour se faire d'avance, au jour des grands supplices,
Un cœur plus fort,
Ils essayaient leur tombe, et voulaient par prémices
Goûter la mort.
Lieux sacrés où l'amour, pour les seuls biens de l'âme,
Sut tant souffrir,
En vain interrogeant, j'ai senti que sa flamme
Ne peut périr ;
Qu'à chaque être d'un jour, qui mourut pour défendre
La vérité,
L'Être éternel et vrai, pour prix du temps, doit rendre
L'éternité.

En sortant des Catacombes Saint-Sébastien nous nous rendons à la basilique Saint-Paul Hors les Murs.

Cette basilique s'élève à l'endroit où saint Paul fut inhumé après son martyre, dans un jardin qui appartenait à la famille de Lucine, noble matrone romaine, disciple de saint Paul. Cette église devint l'une des plus belles de Rome. Détruite par un incendie, en 1823, les Souverains Pontifes entreprirent de la reconstruire, et grâce aux offrandes du monde entier, la nouvelle basilique s'éleva plus belle et plus somptueuse qu'elle n'avait jamais été.

Nous entrons processionnellement par la Porte Sainte, et, comme dans les autres grandes basiliques, nous accomplissons nos stations jubilaires au chant du *Miserere* et de nos cantiques religieux.

Après avoir vénéré le corps de saint Timothée, disciple bien-aimé de saint Paul, et le corps de saint Paul (moins la tête, qui est à Saint-Jean de Latran), nous allons voir la belle statue de sainte Brigitte, et le Crucifix miraculeux qui a parlé à cette sainte; puis nous sortons de la basilique.

A raison de la grande distance qui sépare Rome de Saint-Paul Hors les Murs (sept kilomètres cinq cents mètres) et du peu de temps dont nous disposons, notre Directeur avait résolu d'accomplir aujourd'hui même une seconde visite jubilaire à Saint-Paul. Cela nécessitait évidemment un certain intervalle entre les deux visites. Nous utilisâmes ce temps en allant voir l'église Saint-Paul-Trois-Fontaines, située à un kilomètre environ sur la route d'Ostie, après avoir traversé sur un pont les eaux Salviennes. C'est en ce lieu que saint Paul fut décapité. Une tradition rapporte que sa tête fit trois bonds sur le sol et trois fontaines jaillirent miraculeusement aux endroits où elle avait touché chaque fois. On y voit la colonne qui a servi au supplice de l'apôtre.

Deux autres églises sont voisines de *Saint-Paul-Trois-Fontaines* : c'est l'église dédiée aux saints *Vincent* et *Anastase,* et celle de *Maria Scala-Cœli* (escalier du Ciel), bâtie au dessus des catacombes de Saint-Zénon.

On sait que ces lieux, infectés par la mal'aria des marais Pontins, qui les rendaient inhabitables, furent assainis par de nombreuses plantations d'eucalyptus, arbres gigantesques d'Australie, qu'y transplantèrent les religieux trappistes. Beaucoup de ces intrépides pionniers payèrent de leur vie les travaux d'assainissement qu'ils exé cutèrent. Bienfaiteurs du pays, ils en sont encore aujourd'hui la providence généreuse.

Revenus à la basilique Saint-Paul Hors les Murs, pour y accomplir notre seconde visite jubilaire, nous eûmes le grand honneur, à la sortie, de rencontrer S. E. le cardinal Macchi, qui voulut bien nous donner des marques de sa haute bienveillance et de son appui pour nous faciliter une audience du Saint Père. A la prière de M. le Vicaire général, notre Directeur, Son Éminence daigna même nous faire espérer qu'elle accepterait de venir présider notre table de famille avant notre départ.

Puis, nous étant agenouillés sous la bénédiction de Son Éminence, nous reprîmes le chemin de Rome.

***

Le chemin le plus direct qui conduit de Rome à Saint-Paul Hors les Murs, est la voie Ostienne. Nous étions sortis par la porte Saint-Sébastien, nous allons rentrer à Rome par la porte Saint-Paul ou porte d'Ostie.

Plusieurs fois par jour, de nombreux tramways partent de la place de Venise, pour

Saint-Paul Hors les Murs, et retour, particulièrement pendant l'année jubilaire, où les pèlerins se comptent par milliers et se renouvellent incessamment. C'est un simple renseignement que je donne ici.

Nos voitures, le cap sur Rome, se mettent en marche. Nous rencontrons successivement : la chapelle bâtie en souvenir des adieux que saint Pierre et saint Paul se firent en allant au supplice. Paul dit à Pierre : « La paix soit avec toi, fondement de l'Église » et pasteur de tous les agneaux du Christ. » — Et Pierre dit à Paul : « Va en paix, prédi» cateur des bons et guide des justes dans la » voie du salut. »

Un peu avant d'arriver à la porte Saint-Paul, nous apercevons le mont Testaccio, qui dans le principe, était fait de vieux tessons de bouteilles et de débris de pots cassés. C'est aujourd'hui un petit monticule de trente-huit mètres de hauteur, recouvert de terre et de gazon. Enfin, à la porte même, on voit un important tombeau, le mieux conservé de tous ceux qui restent de l'ancienne Rome : c'est la pyramide sépulcrale de Caïus Cestius, de forme quadrangulaire, dans le genre de celles d'Égypte, haute de trente-sept mètres.

Réception pontificale.

Mercredi 25 avril.

C'était la grande préoccupation des pèlerins, même avant le départ. Préoccupation qui devenait de plus en plus anxieuse à la vue du grand nombre des pèlerins étrangers, à Rome. Sans cesse nous demandions à notre Directeur: « Avez-vous l'assurance que nous serons reçus par le Pape? » C'était aussi sa préoccupation, à lui; et, dès son arrivée à Rome, il avait fait les démarches nécessaires appuyées par les recommandations de Son Éminence.

Les premières paroles du maître de chambre avaient laissé notre Directeur inquiet et il nous fit part de ses inquiétudes. Le Pape devait recevoir tous les pèlerins étrangers, le 25 avril, à midi, dans l'église Saint-Pierre, et six pour cent, seulement, des pèlerins, seraient admis à monter jusqu'au trône du Souverain Pontife. Notre Directeur multiplia ses instances auprès de tous les personnages, pour obtenir des conditions plus favorables; ses efforts, et nos prières, furent couronnés de succès. Tous nos pèlerins reçurent une carte d'entrée dans la basilique. Soixante-quinze eurent une carte pour l'entrée réservée, et vingt, pour être admis à baiser les pieds du Saint Père.

A sept heures, à Saint-Louis, après la messe, les cartes furent distribuées. A onze heures tous les pèlerins étaient réunis sous le péristyle de Saint-Pierre. On entre, on se place. Chacun avait revêtu une tenue de circonstance, les messieurs en habit et en cravate blanche, les dames portant la mantille.

A midi le Saint Père fait son entrée dans la basilique par la porte réservée. Moment solennel : du haut de la *Sedia gestatoria*, sorte de trône porté par huit *sediari*, vêtus de rouge, apparait le Souverain Pontife, précédé de hallebardiers au costume antique, de suisses à l'allure martiale, et de gardes nobles, représentants de la noblesse italienne restée fidèle au Saint Siège.

Léon XIII, le successeur de Pierre, le chef de deux cents millions de catholiques, le deux cent soixantième continuateur de cette lignée à laquelle Notre Seigneur a promis l'appui éternel de sa protection, s'avance au milieu de ces milliers de fidèles, qui, des extrémités du monde, ont répondu à l'appel de sa voix.

Il nous a dit, dans son encyclique sur la consécration du genre humain au Très Sacré

Cœur de Jésus : « Venez à moi qui tiens la place de *Celui* qui était venu sauver ce qui était perdu. De *Celui* qui a offert son sang pour le salut du genre humain. » Et le genre humain répond dans la personne de cette multitude de délégués, qui, malgré la sainteté du lieu, ne peuvent s'empêcher d'acclamer le saint Pontife, vieillard auguste, que Dieu semble conserver miraculeusement, malgré ses quatre-vingt-dix ans.

Oui, le moment est solennel ! Tous les genoux se courbent, toutes les têtes s'inclinent pendant que, la main étendue sur cette mer humaine, le Pape la bénit.

Rendu à l'autel, le Pape s'agenouille devant le Saint Sacrement et entonne les litanies de la sainte Vierge, que le Sacré Collège continue.

La solennelle réception commence alors, pendant que les pèlerins de la Bohême font entendre des hymnes *alla Madonna; à san Venceslao ed al Papa*.

Les archevêques et les évêques s'avancent les premiers, s'agenouillent successivement devant le Saint Père et baisent son anneau, signe de l'alliance qui unit le Chef à son Église. Divers personnages suivent. Les vingt pèlerins bordelais sont ensuite appelés. Mgr **Berbiguier** est présenté le premier ; le

Pape lui annonce qu'il est élevé à la dignité de Protonotaire apostolique. Il se relève et nous présente individuellement. Le Pape répond à l'énumération des titres de chacun par un mot, dont tous garderont précieusement le souvenir.

Au bout d'une heure la présentation prit fin, et le Saint-Père fut reconduit dans le même ordre, au milieu du même enthousiasme de la foule qui, grossissant les six mille pèlerins admis à l'audience, s'élevait, disent les journaux, à vingt mille assistants, et peut-être plus encore.

Le pèlerinage de la Bohême, composé de quatre cents personnes, était le plus nombreux; il avait à sa tête Mgr **Skabensky**, archevêque de Prague, jeune prélat de trente-sept ans. Qui nous eût dit, alors, que deux mois après, à peine de retour dans sa patrie, ce jeune archevêque devait mourir...

Le pèlerinage belge, très nombreux aussi, était conduit par Mgr **Doutreloux**, évêque de Liège, et par Mgr **Heylen**, évêque de Namur. Des princes, des princesses, de hauts dignitaires, accompagnaient ces deux groupes. Venait aussi un grand pèlerinage italien, en tête duquel se trouvaient les archevêques ou évêques de Bari, de Grani, de Fiesole, de Civita-Vecchia et de Corneto.

Les pèlerinages faits à Rome sont une source d'enseignement pour tous les pays et pour toutes les questions du jour. Sans apparat comme sans bruit, sans démonstrations bruyantes, on sent que la lumière qui éclaire l'univers descend du Vatican, centre de l'unité catholique. A Rome, on retrempe sa foi et on en revient plein de confiance en l'avenir de cette Église qui, depuis dix-neuf siècles, brave toutes les luttes, affronte toutes les tempêtes ; et, nacelle conduite par le divin Pilote, justifie toujours les paroles qui sont gravées ici, sur nos têtes : « *Tu es Petrus, et super hanc Petram ædificabo Ecclesiam meam, et portæ inferi non prævalebunt.* » Et aussi celles-ci : « *Tibi dabo claves regni cœlorum.* »

* * *

Après avoir renouvelé notre sincère attachement à la Chaire infaillible et indestructible du Prince des Apôtres, et de son successeur, Léon XIII, nous complétons la visite de la merveilleuse basilique, commencée par nous, il y a quelques jours. Puis, conduits par nos guides, nous parcourons les divers musées du Vatican, loges, chapelles, galeries, sans cependant être tenus de pénétrer dans les treize mille chambres que le palais contient. De là nous passons aux jardins, écuries et remises des carrosses qui. autrefois. servaient dans les grandes cérémonies papales.

Depuis trente années ces magnifiques voitures ne sortent plus, et les beaux chevaux noirs ont été vendus par raison d'économie.

(Voir pour la visite du Vatican le *Guide Harmel*, pages 140 et 152.)

* * *

Jeudi 26 avril.

La journée du 25 ayant été remplie par l'audience donnée au pèlerinage par le Souverain Pontife et par la visite du Vatican, nous devons accomplir aujourd'hui ce que le programme assignait à la journée d'hier. Je le reproduis ci-après :

Visite jubilaire à *Sainte-Marie Majeure*, à neuf heures trente. — Visite à *Saint-Jean de Latran* ensuite. — A trois heures, visite à *Saint-Pierre*. — A une heure trente, itinéraire D.

On célébrait dans l'église *Sainte-Marie de la Minerve* les fêtes de la béatification du Bienheureux Raimond de Capoue. A sept heures et demie, le cardinal Macchi devait dire la sainte messe et nous lui avions promis d'y assister. Nous nous sommes donc tous trouvés réunis autour de l'autel. Nos artistes y firent entendre les chants les plus distingués de leur répertoire, et tous nous reçûmes la sainte communion des mains de Son Éminence.

Nous lui avions aussi demandé de bénir nos objets de piété: il fallut attendre pour cela que l'action de grâces de Son Eminence fût terminée. Elle dura longtemps, à notre grande édification.

Fidèles observateurs de notre programme, nos voitures nous transportèrent ensuite à *Sainte-Marie Majeure* pour y faire notre seconde visite jubilaire. Puis à *Saint-Jean de Latran.*

A dix heures, nous sommes à *Saint-Jean de Latran.* Une affluence considérable remplissait la basilique pour vénérer la sainte Face. Mais à Rome, en temps de jubilé, chaque groupe satisfait à sa dévotion sans trop s'inquiéter des voisins. Nous entrons donc par la porte Jubilaire, comme si nous étions seuls dans le saint lieu. Nous rangeant en procession, nous montons la nef de droite au chant du cantique de Lourdes. Notre entrain semblait ravivé par les grâces de la veille. Nous étions arrivés à peu près à la moitié de la nef, lorsqu'un prince de l'Église, facile à reconnaître par ses insignes rouges, se détache de la foule et s'avance vers nous.

Il se dirige vers notre Directeur. Celui-ci, de son côté, s'élance à la rencontre de l'éminent prélat. Tous deux s'embrassent avec effusion. C'était le cardinal Mathieu. « J'ai entendu, dit-il, des chants français, et je suis accouru. » Son Éminence se place à notre tête, et, sous sa direction, nous faisons nos stations.

Sa présence nous vaut une faveur précieuse. Saint-Jean de Latran conserve le bois de la dernière Cène, dans une tribune, à gauche de l'autel majeur. Cette insigne relique n'est exposée que dans les circonstances solennelles seulement. Le cardinal demande qu'elle soit présentée à la vénération des pèlerins de Bordeaux; on ne peut rien lui refuser. Grande est notre joie. Mais la multitude des fidèles, qui s'est jointe à notre groupe, n'entend pas nous laisser jouir exclusivement de la faveur accordée. Plus de mille personnes se précipitent avec nous dans les sacristies et l'escalier de la tribune. Il faut renoncer à les écarter et nous résigner à passer à notre tour devant la riche relique. Le défilé dure bien une heure. Il était plus de midi quand nous

nous retrouvons réunis autour du cardinal, dans le chœur de la basilique. Nous ne pouvions nous lasser de l'écouter; il semblait ne pas se lasser de nous parler et de nous bénir.

*
* *

L'image du Sauveur, que l'affluence des fidèles venait vénérer en ce jour, à Saint-Jean de Latran, est ordinairement conservée dans la *Sancta Sanctorum*, un des plus anciens sanctuaires du Latran, au sommet de l'escalier saint *(Scală Sancta)*. Cette célèbre image de Notre Seigneur, peinte sur bois de cèdre ou d'olivier, est appelée *Acheropita* (non faite de la main de l'homme). Commencée par saint Luc et terminée par les anges, elle fut transportée, au quatrième siècle, de Jérusalem à Constantinople. Échappée miraculeusement aux iconoclastes, elle arriva à Rome sous le pontificat de Grégoire Ier. On ne la montre au public qu'à certaines fêtes ou aux époques de grandes calamités. L'inscription ci-après, gravée sur une partie de l'entablement de la *Sancta Sanctorum*, apprend aux pèlerins quels riches trésors renferme cette chapelle :

« *Il n'est point de lieu plus saint que celui-ci dans le monde entier.* »

Le Souverain Pontife, désireux d'augmenter le concours des fidèles, avait permis le déplacement de l'image du Sauveur, en accordant qu'elle fût exposée à la vénération de tous, du 22 au 29 avril, dans la basilique de Saint-Jean de Latran. C'est ainsi que nous eûmes la douce joie de la voir.

Mais ne conviendrait-il pas, avant de sortir de la basilique de Saint-Jean de Latran, dans laquelle nous sommes entrés par la Porte Sainte, de donner quelques explications sur l'ouverture et la fermeture de ces portes?

Nous savons que pour faire l'ouverture du jubilé de l'Année sainte, qui, la première année, se célèbre à Rome, et l'année suivante, est étendue à toute la catholicité, le Souverain Pontife va en cérémonie, à Saint-Pierre, ouvrir la Porte Sainte, murée jusque-là, et qui ne s'ouvre que dans cette circonstance solennelle. Il prend un marteau d'or et en frappe trois coups, en disant : « *Aperite mihi portas justitiæ* », etc., etc., pendant qu'on démolit la maçonnerie qui bouche la porte. Puis, le Pape se mettant à genoux, les Pénitenciers de Saint-Pierre lavent cette porte avec de l'eau bénite, ensuite le Pape prend la croix, entonne le *Te Deum*, et entre dans l'église, avec le clergé.

Trois cardinaux-légats sont envoyés par le

Saint Père aux trois portes saintes des basiliques Saint-Jean, Saint-Paul et Sainte-Marie Majeure, pour être ouvertes, par eux, avec le même cérémonial. Le lendemain de l'ouverture des portes, le Saint Père donne la bénédiction au peuple, en forme de jubilé.

L'Année sainte étant terminée, on referme les portes, la veille de Noël, et le Pape bénit les matériaux destinés à cet usage. Il pose lui-même la première pierre et y met des cassettes contenant des médailles d'or et d'argent. Les quatre grandes basiliques restent ainsi murées jusqu'au jubilé suivant. Cette solennité se renouvelle tous les vingt-cinq ans, quand le Pape la décrète.

A trois heures nous sommes tous réunis à Saint-Pierre autour de l'autel de la Confession. Ce sont nos adieux que nous venons y faire. Nous avons vécu de la vie de Rome; nous en avons respiré l'air imprégné de dix-huit siècles d'histoire chrétienne, et savouré son parfum; nous emportons dans la patrie bien-aimée les bénédictions que nous avons reçues ici, et, plus que jamais, la résolution de rester attachés à cette Chaire infaillible, *usque ad mortem*.

Mes lecteurs sont tous des amis de Rome, ils me pardonneront donc d'avoir allongé mon récit de la page suivante, due à la plume d'un écrivain de grand talent et d'un valeureux défenseur de l'Église : le comte Charles de Montalembert, pair de France.

Montalembert assiste avec ses amis aux imposantes cérémonies de la Semaine sainte, à Rome ; il raconte ainsi ses impressions. Il s'agit de la bénédiction du Pape donnée le Jeudi saint, du haut de la loge de Saint Pierre, au peuple assemblé sur la place :

« ..... Non, rien ne saurait égaler cette
» scène ; aucune imagination ne pourrait
» en atteindre la sublime beauté ; jamais
» l'homme n'a pu inventer ni concevoir une
» solennité semblable..... Mon cœur débor-
» dait d'admiration et d'amour ; mes yeux
» étaient baignés de larmes..... Voir ce subli-
» me vieillard, couronné de la tiare, porté
» sur son trône, flanqué de ces deux éventails
» de plumes de paon dont les yeux signi-
» fient tout ce qu'il lui faut de vigilance pour
» les besoins de l'Église, levant les bras au
» ciel comme pour y prendre d'innombrables
» bénédictions, puis les versant sur le peu-
» ple agenouillé à ses pieds et sur le monde
» entier, au bruit des fanfares, des canons,
» des cloches, et de ce bourdonnement popu-
» laire ; puis, quand il a fini de bénir,
» ouvrant ses mains comme s'il n'avait plus

» rien à donner au peuple que son cœur.
» Ah ! quel spectacle ! Voilà ce qu'il faut
» voir et puis mourir..... Que n'eussé-je pas
» donné pour voir une armée chrétienne
» prosternée sous cette divine bénédiction
» au moment d'aller combattre ou en reve-
» nant de la victoire ! Et si j'avais pu, moi,
» être dans cette armée, me jeter aux pieds
» du Vicaire de Dieu, baiser ses pieds sacrés,
» et lui offrir, en échange de sa bénédiction,
» mon épée, ma foi, ma vie, mourir en com-
» battant pour lui !..... Mon Dieu, je vous
» remercie et vous bénis de ce moment de
» glorieuse émotion. »

Ce que Montalembert dit si bien, nous l'avons délicieusement senti et goûté comme lui, plus souvent et plus longtemps, puisque nous avons eu la joie de faire partie de cette armée pendant plusieurs années. Cette bénédiction donnée par le Souverain Pontife, soit du haut de la *loggia* de la basilique de Saint-Pierre, soit de celle de Saint-Jean de Latran, se nommait la bénédiction *Urbi et Orbi*.

Au bourdonnement de l'immense multitude populaire succédait tout à coup un profond silence. Au commandement du général en chef, les troupes, qui au nombre de huit mille hommes, étaient rangées sur la place, présentaient leurs armes, mettaient le genou droit à terre, et la puissante voix du Souverain Pontife Pie IX s'étendait alors sur cette surface humaine, composée de cent mille personnes recueillies et émues, qui courbaient la tête et ployaient le genou sous l'auguste bénédiction.

Que de visages baignés par les larmes nous avons vus! Et avec quel enthousiasme, ensuite, cette foule d'étrangers et de Romains acclamait le Pontife-roi! Car le Pape régnait alors sans conteste; le cosmopolitisme révolutionnaire, sectaire et impie, n'avait pas encore fait du Chef de la catholicité le prisonnier et le vassal d'un roi usurpateur.

Certes, le gouvernement qui siège au Quirinal faciliterait avec joie le retour de semblables triomphes religieux, ils donneraient à la Rome « laïcisée » le lustre qui lui manque. Mais, depuis trente années, l'Église entière est en deuil, elle ne retrouvera ses joies, et les beautés de son culte, que lorsque Dieu lui aura rendu Rome, sa capitale deux fois millénaire, siège intangible des Papes, Ville éternelle, contre laquelle « les portes de l'enfer ne prévaudront jamais ».

L'autel de la Confession des saints apôtres est, pour tout pèlerin que l'amour de l'Église et de la Papauté appelle à Rome, le lieu où il vient, à son arrivée, déposer le tribut de son dévoûment; comme il est, à son départ, le lieu de ses promesses et de ses résolutions.

A l'arrivée des jeunes soldats volontaires qui venaient prendre rang à Rome, dans l'armée pontificale, l'un de nos aumôniers ne manquait jamais d'y conduire ses nouvelles recrues. Il commençait ainsi le premier enseignement d'un traité dont il était l'auteur et qu'il nommait le *Manuel du parfait soldat pontifical*. Je retrouve ce manuel dans mes archives romaines; je vais en extraire quelques passages : nos jeunes pèlerines pourront, pendant un instant, se croire à l'école du « parfait soldat pontifical ». J'ai même quelques raisons de croire que ces intrépides chrétiennes auraient suivi l'aumônier jusque dans ses conclusions finales, qu'il énonçait ainsi : « La vie d'un soldat chrétien appartient à Dieu, à la Patrie, à ses frères et à l'Église. »

« ..... Jeunes soldats, votre général, ici, après le bon Dieu, c'est le Pape. Ou, mieux encore, le généralissime du bon Dieu, ici, comme dans toute la catholicité, c'est le Pape. C'est lui qui lie et délie toute chose en ce monde et jusqu'au ciel, au nom de Notre Seigneur Jésus-Christ, dont il est le représentant. Vous aurez le grand honneur de lui présenter les armes et de mettre le genou à terre devant lui. Mais lorsque vous serez appelés à vous approcher de sa personne, car le Pape vous aime tous : vous devrez vous présenter au Vatican et déposer entre les mains des Suisses, vos armes, votre coiffure et vos gants, comme on s'approche de la table de communion. Après trois génuflexions, si le Pape vous les laisse achever, vous resterez à genoux à ses pieds, et baiserez sur sa chaussure de velours rouge, qu'on nomme « mule », la croix qui y est brodée. Vous vous relèverez ensuite, attendant dans une posture modeste que le Pape vous interroge. Vous répondrez à demi-voix, parlant à la troisième personne. Ainsi, je suppose que vous disiez : « Très Saint Père, je suis Français, je soupi- » rais depuis longtemps après le moment où » j'aurais le bonheur de voir Votre Sainteté » et de recevoir sa bénédiction. » Ou : « Très » saint Père, je suis mille fois heureux de » venir consacrer ma vie au service de Votre » Sainteté. » Ne parlez pas trop, ni trop vite, afin que le Pape vous comprenne. Si vous avez une demande à faire, telle qu'une bénédiction d'objets ou une demande de bénédiction à solliciter pour votre famille, tenez entre les mains les objets que vous désirez faire bénir et dites : « Votre Sainteté daigne- » rait-elle bénir ces objets que je destine à » ma famille. » Ou : « Ma famille serait bien » heureuse, Très saint Père, d'obtenir une » bénédiction de Votre Sainteté. » Toute demande étrangère à un sujet religieux, telle que grâce particulière, vocation, bénédiction, est absolument défendue et serait du reste très déplacée. Lorsque vous verrez que le Saint Père garde le silence, retirez-vous en marchant à reculons et faisant vos trois génuflexions. Souvent le Saint Père, dès le premier mouvement de recul, tend la main. Inclinez-vous alors profondément, prenez-la du bout des doigts et déposez vos lèvres sur l'anneau du Pêcheur.

» Ici, mes chers amis, je veux répondre à une pensée qui a pu préoccuper plusieurs d'entre vous ; un jeune présomptueux me l'exprimait un jour en ces termes : « Est-ce » donc pour humilier ceux qui l'approchent, » que le Pape offre ses pieds aux baisers des » fidèles ? » Non, mes amis : c'est dans la pensée de son humilité propre, que celui qui se nomme « le serviteur des serviteurs de Dieu » donne à baiser, non ses pieds, mais la croix que son Maître a portée et qui est gravée sur sa chaussure. Cependant on peut aussi baiser l'anneau que le Saint Père porte au doigt. Sur le chaton de cette bague, est gravée l'effigie de saint Pierre jetant ses filets à la mer. A la mort du Pape, cet anneau est brisé en présence des cardinaux. »

Ce manuel contenait beaucoup d'autres enseignements encore, trop longs pour que je puisse les reproduire ici. Ainsi, il apprenait à ces jeunes soldats que les couleurs pontificales sont le blanc et le jaune; que l'étendard de la sainte Église est en soie rouge, avec un Saint Michel terrassant le Dragon infernal. Il parlait du costume du Pape, soumis aux lois de l'étiquette: le blanc, couleur de la chasteté des mœurs et de l'éminence des vertus, est la couleur habituelle des vêtements que revêt le Saint Père, généralement recouverts d'un grand manteau rouge.

Il démontrait qu'aucune loi canonique n'exclut l'élection d'un pape étranger. La France en a compté dix-neuf, y compris ceux qu'on a appelés les papes d'Avignon, tous très régulièrement nommés. Mais depuis plusieurs siècles, la majorité des cardinaux étant d'origine italienne, un pape italien a toujours été choisi par eux, parce qu'il parle la langue du pays, qu'il est évêque de Rome, et que, plus que ne le serait un pape étranger,

L'ENTRÉE DU COLISÉE

d'après une photographie de Mlle JEANNE GIZARD.

il est au courant des besoins de l'État pontifical.

***

Vendredi 27 avril.

Dernier jour de résidence à Rome, et liberté de manœuvre pour chacun de nous.

Dès le matin, j'entre dans une église de peu d'apparence, qui, comme toutes les églises de Rome, moins les grandes basiliques, est fermée de midi jusqu'au soir, à l'heure de l'*Ave Maria*. C'est l'église *Santa Maria in Aquiro*, dite *delle Orfani* (des orphelins). Elle est dédiée à *Nostra Signora Immacolata di Lourdes*.

On aime à retrouver, hors de France, un souvenir de la patrie.

Je relève plusieurs inscriptions gravées sur les murs de cette église : « *Nostra Signora di Lourdes, pregate per noi !* » Oh ! oui, Notre-Dame de Lourdes, priez pour nous ! Priez pour le saint et vénéré Pontife, aux pieds duquel nous sommes venus nous prosterner, parce qu'il ressemble à votre fils Jésus, lorsqu'il était aux mains de ses bourreaux.

Un catafalque orné de grandes larmes

d'argent est au milieu de l'église. Sur la draperie on lit cette inscription fertile en méditations : *Hodie mihi, cras tibi!...* — E vero !... pensais-je, en me retirant.

Notre Directeur général projetait pour aujourd'hui, vendredi, un chemin de croix à faire au Colisée, dans cet immense monument, dont le sol fut si souvent inondé par le sang des martyrs. Nous nous y rendons sans pouvoir donner satisfaction à notre piété : les envahisseurs modernes, profanateurs à l'excès de tout souvenir chrétien, ont enlevé la marque des quatorze stations, et abattu la croix du milieu, érigée par le pape Benoît XIV, en 1750.

Avant 1870, c'est-à-dire avant l'occupation de Rome par la maison de Savoie, le vendredi de chaque semaine, deux heures avant l'*Ave Maria,* une longue procession, partant d'un oratoire situé au Forum, venait faire le chemin de la croix au Colisée. Une grande croix de bois, portée en tête, était suivie de milliers de fidèles. Aujourd'hui, plus de chemin de croix : la ville de Rome retourne au paganisme, au nom du progrès et de la libre-pensée.

Le jour où le sentiment chrétien n'appellerait plus les étrangers à Rome, il en serait de cette ville comme de Turin, Florence ou

Naples : quelques touristes seuls viendraient la visiter.

Si l'archéologue, le savant et l'artiste, peuvent venir chercher à Rome les aliments d'une curiosité intéressée, le simple visiteur est bientôt las d'arpenter le Corso, et de voir, à de certaines heures, défiler les nombreux équipages et voitures de luxe, dont l'éclat cache souvent une grande gêne financière.

La ville de Rome, sans industrie et sans commerce ; grand bazar central des productions de l'Allemagne et de la France, dont elle double les prix de vente, ne peut retrouver son bien-être passé qu'en redevenant sans partage la ville des Papes et la capitale de la Catholicité. Jamais le Souverain Pontife, chef spirituel de deux cents millions de catholiques, ne saurait, sans déchoir aux yeux de la Catholicité entière, devenir le premier chapelain de la couronne d'Italie.

Quoi qu'en pensent les modernes laïcisateurs, pour lesquels la force prime le droit, Jésus-Christ, sauveur du genre humain, a choisi la ville de Rome pour une mission plus élevée et plus qu'humaine, et il se l'est consacrée. C'est là qu'il a établi le siège de son empire, le trône de son Vicaire. C'est là qu'il a voulu que soit gardée inviolablement la lumière de la céleste doctrine, et que, de là, elle se répandit au loin sur la terre. Rome appartient à la Papauté. Elle est la capitale de son pontificat suprême.

Nous étant séparés, après la visite du Colisée, chacun employa à son gré ce temps de liberté. Plusieurs dames allèrent prendre congé des religieuses françaises qui résident à Rome, dans des communautés qui sont, comme en France, des jardins choisis, où Notre Seigneur a réuni des âmes d'élite, fleurs de notre société chrétienne.

*
* *

Ce matin nous avons reçu l'authentique de l'indulgence plénière, *in articulo mortis*, que le Saint Père accorde à chaque pèlerin et dont le bénéfice s'étend aux consanguins et aux alliés jusqu'au troisième degré inclusivement. Et dans une petite boîte, aux armes de Léon XIII, une médaille de bronze, à l'effigie du Pape, portant gravée sur le revers l'image de la Porte Sainte, AN MCM et autour : « *Venite ad me omnes. Hæc est porta Domini.* »

Au moment de la remise de la feuille authentique, une très légère aumône est faite au profit de l'Institut des aveugles.

J'utilise les heures de liberté qui précèdent une dernière visite d'adieu à la basilique Vaticane, en parcourant Rome. Le concours des pèlerins du monde entier y est considérable et tout indique qu'il le sera plus encore pour les fêtes de la canonisation du Bienheureux **Jean-Baptiste de la Salle,** qui doivent se célébrer prochainement. Durant tout le jour c'est un va-et-vient de pèlerins à pied, en omnibus, en tramways, en voitures découvertes; de personnes de tout pays et de toute condition. Les rues qui conduisent aux quatre basiliques sont sillonnées continuellement de foules recueillies, qui, pieusement, sans respect humain, récitent le chapelet dans tous les idiomes connus. On annonce l'arrivée de deux cent dix archevêques ou évêques, qui viennent assister à ces fêtes. La maçonnerie cosmopolite peut verser des larmes : le catholicisme n'est pas encore mort, et la France chrétienne affirme plus que jamais sa vitalité et son désir de persévérer dans la foi de ses ancêtres.

* * *

Notre programme de la journée étant terminé, nous rentrons à l'hôtel, où, à sept heures du soir, doit avoir lieu un banquet d'adieu offert par les pèlerins à S. Ém. le cardinal Macchi. S. Ém. le cardinal Mathieu n'ayant pu accepter notre invitation, nous avons le regret de ne pas le posséder.

A l'heure dite, chacun ayant retiré de sa petite valise de pèlerin sa tenue la plus « select », hélas ! quelque peu fripée, cependant, comme le serait celle d'un soldat à la fin d'une campagne, nous sommes tous présents dans la grande salle de l'hôtel de Milan, pour recevoir Son Éminence et les autres invités.

Après les salutations d'usage, et les présentations que M. le Vicaire général fait de chacun de nous à Son Éminence, ainsi qu'aux autres personnages de distinction qui l'accompagnent, on se rend dans la salle du banquet. Son Éminence ayant béni la table, chacun prend place.

A la table d'honneur figuraient, avec le cardinal, M. le comte Macchi, son frère ; Mme la chanoinesse de Yrigoyen et Mme de Gastol, M. le commandeur de Rossi de Gasperies et Mme de Rossi de Gasperies, Mgr d'Armailhacq, M. Hertzog, supérieur de la Procure de Saint-Sulpice de Rome, Mlle de Pelet-Lautrec et Mlle Ballande.

Les convives de nos agapes de famille occupaient leurs places habituelles.

Le propriétaire-gérant de l'hôtel de Milan, désireux sans doute de maintenir la réputation de sa maison, — noblesse oblige, — avait mis tout son personnel sous les armes et la batterie de cuisine des grands jours en évidence. Le menu était à l'unisson, et même, s'il m'en souvient, des guirlandes de verdure et des bouquets printaniers donnaient à la salle entière un aspect des plus réjouissants. Cette joie communicative devait évidemment être l'accompagnement naturel de cette belle fête. Du reste Son Éminence donnait l'exemple, avec une grâce et une simplicité charmantes.

J'ai déjà fait un emprunt au compte rendu que la Semaine religieuse de Bordeaux donnait de notre séjour à Rome. Je succombe à la tentation d'en extraire encore un second passage; mais voici qu'un scrupule m'arrête... Pascal, l'austère Pascal, nous a dit que le *moi*, ce vilain *moi*, est haïssable; or dans ce passage, je le retrouve ce *moi*... Il est vrai que ce n'est pas moi qui l'y ai mis, c'est un obligeant voisin. Je puis donc l'employer sans encourir les foudres de l'austère philosophe.

« Mgr **Berbiguier** qui, pendant notre séjour à Rome, a su nous procurer tous les bonheurs et tous les honneurs possibles, avait obtenu du cardinal Macchi qu'il voulût bien présider le dîner des pèlerins. Vous pensez si les pèlerins furent fiers d'un tel honneur. Nous n'en aurions joui qu'imparfaitement dans notre confusion, si nous n'eussions espéré que notre Directeur se ferait, auprès du prince de l'Église, l'interprète de notre reconnaissance. Notre attente ne fut pas trompée, et nos sentiments ne pouvaient être mieux exprimés.

» Après avoir loué la bonté de Son Éminence, en termes d'une délicatesse exquise, M. le Vicaire général eut un mot, et toujours le meilleur et le plus aimable, pour chacun de nos invités qui, à la table d'honneur, avaient pris place autour du cardinal : pour M. Macchi, frère de notre hôte éminent; Mgr d'Armailhacq qui, à Saint-Louis des Français, nous donna l'illusion de nous croire chez nous; M. l'abbé Hertzog, et d'autres encore dont les bons offices sollicités ou gracieusement offerts aplanirent tant de difficultés.

» Dans une causerie pleine de finesse, et souvent interrompue par nos applaudissements, le cardinal nous félicita d'abord d'avoir entrepris et mené à bonne fin notre pèlerinage. Il nous dit ensuite les tristesses et les espérances du Chef de l'Église et les consolations que lui apportait la présence des pèlerins ; puis enfin il nous annonça, ce que nous ignorions encore, que Sa Sainteté avait, le matin même, élevé Mgr **Berbiguier** à la dignité de protonotaire apostolique. Des applaudissements unanimes, ai-je besoin de le dire? accueillirent les paroles de Son Éminence.

» Nous applaudissons encore, lorsque le colonel Prévot, invité à adresser l'expression commune de notre reconnaissance, non plus à nos hôtes, mais à Mgr **Berbiguier,** dont l'activité, le dévouement et l'énergie nous ont valu toutes les joies de notre pèlerinage, se levant, traduisit ainsi nos sentiments :

« Monsieur le Vicaire général.

» Interprète des sentiments de profonde » reconnaissance du groupe des pèlerins de » Bordeaux : choix que j'attribue beaucoup » plus à l'indulgence de nos co-pèlerins, qu'à » mes mérites oratoires, j'ai l'honneur de » vous prier de vouloir bien agréer l'expres- » sion sincère de notre gratitude et du bon » souvenir que nous conserverons du pèle- » rinage qui s'achève.

» Sous votre direction éclairée autant que » bienveillante, Monsieur le Vicaire général,

» nous emportons de Rome tout ce que nos » cœurs y venaient chercher : piété, affermis- » sement de nos croyances, satisfaction pour » l'esprit, douceur pour le cœur. — N'est-ce » pas là, en effet, dans l'union chrétienne de » tous ces cœurs qui battent à l'unisson, l'idéal » de la famille modèle, la réalisation de la » concorde et de la paix sociales qu'aucune » autre philosophie ne saurait donner! — » Sous la conduite de prêtres dont les vertus » égalent le savoir, et leur assurent une supé- » riorité à laquelle tout le monde rend » hommage, marche, au premier rang, une » jeunesse qui joint aux grâces de son âge, » une ardeur pour le bien et une vivacité » de foi qui présagent des âmes vaillantes, » déjà fortement trempées pour perpétuer » notre race catholique et française « *tou-* » *jours* », par leurs actions, comme aujour- » d'hui par leurs chants.

» D'autres âmes, plus avancées dans cette » voie, reviennent mieux armées encore, pour » soutenir partout la lutte contre l'incré- » dulité ou l'indifférence, et porter haut, » « *toujours* » aussi, le drapeau de la foi chré- » tienne.

» Oui, les pèlerinages sont utiles, à notre » époque d'indécision et de défaillances, et » le nôtre, nous l'espérons, ne sera pas le

» moins productif en bons résultats. Résu-
» mant donc, en un triple toast, nos joies et
» nos espérances, je dirai :

« Vive le pape Léon XIII, dont nous empor-
» tons les inoubliables bénédictions! — Vive
» la France catholique! notre chère patrie,
» et respectueux hommages à notre Directeur,
» M. le Vicaire général, représentant ici Son
» Éminence le cardinal Lecot! »

Mgr **Berbiguier,** répondant au toast qui venait de lui être porté, fait l'éloge de la docilité, de la piété des pèlerins, qui pendant la durée du voyage entrepris courageusement par eux, pour répondre à l'appel du Souverain Pontife, recevoir sa bénédiction et gagner l'indulgence du Jubilé, ont grandement facilité sa tâche.

« Oui, bien chers pèlerins, ajoute-t-il, vous
» avez mis en pratique, à Rome, le chant que
» vous avez si souvent répété à Lourdes, aux
» pieds de la Vierge immaculée. Vous vous
» êtes montrés, ici, catholiques et Français,
» *toujours*, ainsi qu'on vient de nous le rap-
» peler. Nous emportons ensemble le souve-
» nir de cette année sainte, et le gain de ce
» Jubilé béni, qui sera, ainsi que je vous l'ai
» dit au départ, un souvenir embaumé pour
» le reste de nos jours et une solennelle pré-
» paration à l'éternité. Nous en avons pour

» gage la bénédiction du Souverain Pontife, » le Pape **Léon XIII**, et celle que S. Ém. le » cardinal **Macchi** vient de nous renouveler » en son nom. »

De chaleureux applaudissements répondirent aux paroles de notre vénéré Directeur.

Mais la fête allait être continuée : à la prose allait s'unir la poésie, sa gracieuse sœur. Un de nos pèlerins, M. l'abbé **Lewden**, poète distingué, avait silencieusement accordé sa lyre et il allait nous donner le cantique suivant : Écoutons-le.

Éminence Révérendissime,
Messeigneurs,
Mesdames, Messieurs,

C'est fête dans nos cœurs, car nous sommes à Rome.
Rome!... Quel nom magique et cher au cœur de l'homme,
Cher au chrétien, surtout, nom au doux souvenir!.....
C'est fête pour nos cœurs, car la Ville Éternelle
S'est montrée à nos yeux, toujours vivante et belle,
Fière de son passé, sûre de l'avenir.

C'est fête dans nos cœurs, car notre Chef suprême,
Léon Treize, ce grand Pontife qui nous aime,
Comme vous, Éminence, — hier nous a souri!...
Nous l'avons vu lever la main sur notre tête
Pour nous bénir!... Oh! oui, nos cœurs étaient en fête.
Car nous l'aimons bien fort, l'Élu de Jésus-Christ.

C'est fête dans nos cœurs, car de Votre Eminence
Nous acclamons ce soir, Monseigneur, la présence.
Nous savons votre amour pour notre sol natal ;
Aussi nous sommes fiers d'avoir à notre table
Un auguste Pontife, entre tous vénérable.
Nous croyons voir en lui notre bon Cardinal.

Éminence, merci pour votre sympathie !
Elle nous est bien douce, et, dans notre patrie,
Nous voulons emporter votre aimé souvenir.
Nous redirons, là-bas, votre amour pour la France,
Et nous nous sentirons plus remplis d'espérance
Après vous avoir vu, ce matin, nous bénir !... (1).

Ah ! notre esprit souvent entr'ouvrira ses ailes
Pour revenir encore aux plages immortelles
Où Pierre transporta sa chaire et son autel !
Nous aimerons d'errer souvent par la pensée
Sur ce mont Vatican, où se trouve placée
L'Église qui nous parle et du Pape et du Ciel.

Qu'il est doux de prier sous l'immense coupole !...
L'âme suavement monte, monte et s'envole
Jusqu'aux parvis sacrés du céleste séjour !...
Et là, dans les splendeurs de la divine gloire,
Elle voit le Seigneur qui veille sur l'histoire
Des peuples qu'il chérit d'un éternel amour.

(1) Le pèlerinage bordelais avait assisté le matin même à la messe du cardinal Macchi, à Sainte-Marie de la Minerve.

Et de là-haut, toujours protégeant son Église,
Dieu parfois nous bénit et d'autres fois nous brise,
Selon que l'on respecte ou viole sa loi.
Sa main des nations mène les destinées ;
Et sans aucun souci du temps ni des années,
Il nous montre, du ciel, le flambeau de la foi.

Et l'Église, toujours, marche et va par le monde.
Apportant à tout cœur cette clarté féconde !...
Sans craindre l'ouragan, pourtant universel,
Qui menace aujourd'hui sa fragile nacelle,
Elle s'en va, toujours plus puissante et plus belle,
Ayant pour la guider son Pilote éternel.

Et puis, au gouvernail de la barque de Pierre,
Dieu n'a-t-il pas placé, rayonnant de lumière,
Le Pape, souverain arbitre de la foi ?...
Ah ! laissez-moi chanter, au nom du diocèse,
Notre chef bien-aimé, l'immortel Léon Treize,
Et laissez-moi crier : Vive le Pape-Roi !

Ah ! que le Christ longtemps nous garde son Vicaire !...
Longue vie à Léon, jours heureux sur la terre,
Qu'il triomphe toujours de toute iniquité !...
C'est le vœu le plus cher qu'avant de quitter Rome
Nous formons, nous, les fils du grand pays qu'on nomme
Le Chevalier du Christ et de la Papauté.

T. Lewden,
Aumônier des Dames de la Réunion, à Libourne.

La fête était close, si **M. Sursol** n'eût été là, et si, dans un coin du salon, nous n'eussions aperçu un piano. Concert improvisé, mais délicieux. Qui n'a entendu la voix de **M. Sursol** que dans les grands vaisseaux de nos églises, ne peut avoir l'idée de sa souplesse et de sa douceur. A l'hôtel de Milan ce fut proprement un charme, que Bordelais et Romains subirent pendant une heure trop courte.

CHAPITRE IV

Départ de Rome pour Naples, à huit heures du matin.

Samedi 28 avril.

Dès sept heures et demie des voitures nous emportent de l'hôtel de Milan à la *ferro-via,* l'unique gare de la ville.

En traversant les nouveaux quartiers de Rome, on remarque les efforts que fait le gouvernement italien pour donner à la Rome qu'il a conquise toute l'apparence et tous les agréments d'une capitale moderne. Mais si la Rome italienne a des voies plus larges, des places plus spacieuses que la Rome papale, ce qu'elle n'a obtenu, du reste, qu'en démolissant des églises et nivelant des souvenirs chrétiens sous la truelle du maçon et la chaîne de l'arpenteur, les cœurs véritablement épris des beautés de l'ancienne

Rome ne sauraient trouver que les grands hôtels anglais ou américains, les luxueux bazars, les banques et les demeures prétentieuses des membres du gouvernement usurpateur, remplacent avec avantage les sévères beautés de la Rome précédente.

Toute cette modernité s'harmonise mal avec les vestiges ou les ruines antiques qui se rencontraient à chaque coin des rues de l'ancienne Rome, et satisfaisaient la curiosité du voyageur en quête de souvenirs historiques.

Ce qu'on cherche à Rome, en cette terre éminemment chrétienne, c'est la trace du sang des martyrs, qui en a baigné les fondements, c'est le souffle religieux qui a inspiré les artistes de génie dans leur touche primitive, et non pas le replâtrage modernisé, vulgaire et criard, qui atteste la substitution de l'ouvrier à l'homme de génie.

Les touristes pourront s'en contenter peut-être, mais les cœurs épris des anciennes beautés de Rome, jamais.

Nous voici rendus sur la place de la gare (*piazza di Termini* ou des Thermes de Dioclétien). Nous sommes trop près de la belle église *Sainte-Marie des Anges* pour ne pas aller mettre notre petit voyage sous sa protection.

Quelques minutes avant le départ nous permettent même de jeter, au retour, un coup d'œil sur la remarquable fontaine de l'*Acqua Felice*, que Sixte V fit exécuter, ainsi que sur la colossale statue de Moïse faisant jaillir l'eau du rocher. Les deux se trouvent dans un délicieux jardin, au centre même de la place des Thermes.

Les anciens visiteurs de Rome s'efforçaient de laisser aux curiosités que la ville renferme les noms qu'elles ont dans la langue même du pays: la traduction en idiome du voyageur est du reste très facile à faire. Ainsi, quel doux charme, par exemple, n'y a-t-il pas dans l'appellation italienne de *piazza di Termini,— Santa Maria degli Angioli—Acqua Felice*..... Trouve-t-on plus de douceur à dire : le square ou le kiosque de la place des Termes, au lieu de dire: *el giardino di Termini?*

J'entends retentir l'appel que nos compagnons de route font aux retardataires, et j'accours. Chacun se loge comme il le peut dans le train, personnes et bagages, car, en Italie, aucune réduction n'est accordée aux voyageurs dans le port des bagages : on garde tout avec soi. Ce n'est pas un des moindres inconvénients des fréquents changements de train.

Mais nos directeurs et sous-directeurs, aussi bienveillants qu'entendus, auxquels je suis aise de rendre ici un hommage très reconnaissant, nous épargnent l'ennui des longues recherches et du changement de compagnons : les compartiments sont numérotés. Depuis le départ de Bordeaux je jouis toujours du n° 13, où messieurs les fumeurs se donnent rendez-vous et s'asphyxient en commun.

Enfin chacun ayant trouvé place, le cri « Partenza ! » vingt fois répété, se fait entendre ; les portes des voitures se ferment avec bruit ; le sifflet strident précède le mugissement de la locomotive et le train s'élance..... *piano, piano*, comme toutes choses en Italie.

Malgré leur réputation, les chemins de fer italiens ont cependant complètement accompli le transport de près de deux cent cinquante mille pèlerins que le Jubilé a déjà appelés à Rome, et l'année n'est pas finie. Cet afflux considérable de voyageurs continuera ainsi jusqu'à la fin de l'année 1900, quoique ralenti pendant la période chaude, qui, en Italie, se fait sentir du 1er juin au commencement de septembre.

Comme toujours, les conversations reprennent animées entre pèlerins, qu'un arrêt de quelques jours a séparés. On se communique ses impressions, on ne tarit pas sur les joies religieuses qu'on a ressenties dans Rome. « Nommons-la toujours *Roma*, disait une dame, c'est l'anagramme d'Amor. — Comme Eva est celui d'*Ave*, reprend sa voisine. *Ave!* salut à notre Mère du Ciel, qui a effacé la faute de notre Mère de la terre. — Ah ! chères sœurs-pèlerines, exclame tout à coup une sympathique voisine, qui jusque-là paraissait méditer; si aux joies religieuses de Rome vous ajoutiez celles non moins délicieuses que l'âme ressent à Jérusalem, vous auriez déjà bu à la coupe des plus pures joies célestes qu'il soit donné de goûter en ce monde. C'est bien à tort qu'on dit les pèlerinages de Terre Sainte périlleux, ou au dessus de nos forces féminines. Chaque année la nef *Notre-Dame du Salut*, des Pères de l'Assomption, y transporte plusieurs centaines de pèlerins, au nombre desquels le sexe féminin figure bien pour la moitié; et, jeunes filles ou femmes âgées, reviennent toutes en parfaite santé. Rome, c'est-à-dire Saint-Pierre, le Vatican, le Pape, le Colisée et les Catacombes, champ de repos de milliers de martyrs, nos ancêtres dans la foi, dont nous venons de vénérer les saintes reliques, laissent évidemment un souvenir inoubliable, une joie intime au cœur; mais Jérusalem !...

Mais le Saint Sépulcre!..... En ces lieux si justement nommés saints, où Jésus-Christ a voulu souffrir, mourir et ressusciter pour nous, se trouve le fondement de nos croyances! Là-bas, l'espérance est doublée, comme la foi est affermie. Auprès du Saint Sépulcre, on dit: Je crois que mon Rédempteur est vivant et que moi aussi je ressusciterai.

» A Rome, nous avons prié à l'autel de la *Confession*, auprès du tombeau de *saint Pierre* et de *saint Paul*. A Jérusalem, nous irions prier auprès du *Saint Sépulcre*, au pied du *Golgotha*. Réconforter nos âmes à *Nazareth*, à *Bethléem*, au *Thabor* et épancher toute la piété de nos cœurs au *Cénacle*. Chères pèlerines, prenons rendez-vous pour Jérusalem, l'occasion est favorable: nous avons dans le train M. l'abbé B..... un pèlerin de Terre Sainte, qui recueille les adhésions pour un prochain départ.

— Que de pèlerinages en projet! ajoute une jeune enfant; notre vénéré Directeur paraît être aussi satisfait de ses pèlerins que nous le sommes nous-mêmes des soins qu'il nous prodigue; il désire avoir le nom des personnes qui s'engagent à faire avec lui le prochain pèlerinage jubilaire à Rome. — Nous avons vingt-cinq ans pour y penser, ajoute-t-on en chœur. — Cependant je donnerai mon nom.

— Nous donnerons nos noms; qui vivra verra. »

Et pendant ce temps le train courait toujours, sa machine haletant comme un hippopotame essoufflé. Les stations succédaient aux stations. La grande chaîne des Apennins disparaissait pour faire place aux monts Albains, roches volcaniques très élevées, et la campagne romaine laissait apparaître, comme de grands squelettes, ses ruines nombreuses. En passant devant **Valmontone**, nous avions salué *Notre-Dame du Bon Conseil*. A **Seigni**, admiré son enceinte formée de murs cyclopéens. A **Anagni**, rendu hommage à la petite cité où notre grand Pape Léon XIII a vu le jour.

Et ainsi de suite : **Frosinone**, **Ceprano** disparaissent, pendant que plusieurs d'entre nous égrenaient leur chapelet.

A **Aquin**, patrie de Juvénal et de saint Thomas, l'un de nos compagnons, ouvrant son guide Bædeker, nous annonce la vue prochaine de la célèbre abbaye du **mont Cassin**, fondée en 529, par saint Benoît, sur l'emplacement d'un ancien temple dédié à Apollon ; la bibliothèque de cette abbaye renferme environ dix mille volumes des plus rares.

Un proverbe italien dit, en parlant de l'élévation du mont Cassin et des superbes horizons qu'on découvre de son sommet : « Qui n'a pas vu le mont Cassin, n'a pas l'idée du Paradis. »

« Chi monte Cassino non vede,
» Al paradiso non crede. »

Au delà de Cassino, sur la droite du train, le Vésuve commence à apparaître. De sa tête altière s'échappe un long panache de fumée qui s'épand au loin.

Ischia, la plus grande île des environs de Naples, est en vue derrière le Vésuve. Puis le chemin de fer traverse le Volturno, grand fleuve de l'Italie méridionale, qui, après avoir arrosé la terre de Labour, l'ancienne Campanie, et traversé Capoue, se jette dans la mer Tyrrhénienne.

Nous arrivons à la célèbre **Capoue,** si funeste aux armées d'Annibal; à Santa Maria di Capua ; à Caserte, grande ville forte, dont le château royal nous apparaît très visiblement. Puis, successivement, à Cancello, Acera, Casal-Nuovo, enfin à **Naples**, l'ancienne Parthénope, capitale des Deux-Siciles, jusqu'en 1860.

A cette époque une armée piémontaise, précédée par les bandes garibaldiennes et par toutes les sectes révolutionnaires, enleva Naples à ses rois légitimes, comme dix ans plus tard, Rome devait être enlevée à l'autorité dix fois séculaire du Souverain Pontife.

Principe révolutionnaire moderne, en vertu duquel la force prime le droit et la justice.....

A notre descente du chemin de fer, tout poudreux encore du voyage, on nous installe très confortablement dans de grandes voitures découvertes, qui vont nous promener pendant plusieurs heures dans la ville : c'est une très agréable manière de faire connaissance avec Naples et ses environs.

Les principales églises de la ville reçoivent tout d'abord nos premières visites. Visites forcément courtes; mais que nous projetons de faire plus en détail le lendemain.

L'aspect général de ce qu'on appelle le vieux Naples n'a rien de bien attrayant, si l'on en excepte les églises et les musées. Les rues sont tortueuses, inégalement pavées, souvent malpropres. Et, des maisons hautes et noires, apparaît aux fenêtres, balancée par le vent, toute la garde-robe intime de la famille.

Le désir de beaucoup d'entre nous eût été de visiter les musées ; mais le temps faisait défaut pour cela. On nous rappela, du reste, que nous étions venus à Naples en pèlerins et non en touristes.

Nous sortons de la vieille ville. Arrivés sur les hauteurs environnantes, nous contemplons l'aspect général de Naples et de ses environs. Naples est disposée en amphithéâtre, sur des collines longeant la Méditerranée, au milieu d'un panorama dont on ne saurait se lasser d'admirer les beautés. A l'orient s'élève le Vésuve, toujours fumant, entouré à sa base de nombreux villages et d'innombrables villas. qui semblent défier les colères du terrible volcan. Cependant l'histoire enregistre cinquante-sept éruptions, y compris celle de 1872, qui dura plusieurs jours, et dont les ravages furent terribles. Tout autour, le rivage est baigné par les eaux du golfe, dont la surface miroite aux clartés du soleil. C'est vraiment un spectacle admirable. Si la vue des beautés que la nature a prodiguées à ce pays enchante le touriste, l'impression que le chrétien ressent est plus profonde encore.

A la pensée que c'est pour l'homme et pour l'homme seul que Dieu a créé tant de merveilles, le cœur s'élève vers ce Dieu, sagesse et puissance infinies, et il l'adore..... Ainsi vivons-nous, pauvres humains; tout nous parle de Dieu; tout révèle sa bienfaisante bonté ainsi que sa puissance, et nos yeux obscurcis savent à peine le voir.

Belle méditation qui pénètre l'âme d'amour

et de reconnaissance, et augmente le désir d'aller à Dieu et de ne vivre que pour lui.

Continuant notre promenade, nos voitures nous conduisent à la Chiaia, le Bois de Boulogne de Naples : ravissante promenade, ombragée de superbes palmiers. Puis à Mergellina, nouveau quartier luxueusement bâti, qui contraste singulièrement avec l'intérieur de la vieille ville. C'est la promenade ordinaire des équipages de l'aristocratie napolitaine.

Enfin au Pausilippe, le long du promontoire, d'où le regard embrasse le beau panorama du golfe de Naples, du Vésuve, et d'une partie de la ville. Nous traversons la très curieuse trouée de Piedigrotta, terminant, au retour, notre excursion le long des rivages de la mer, sur les quais bordés de grands hôtels, à balcons ornés de draperies aux couleurs italiennes, pour célébrer la présence actuelle de la famille royale à Naples.

Ces hôtels servent de demeures aux riches touristes que la vue de Naples et la douceur de son climat attirent.

Nous arrivons ainsi en vue de l'arsenal, du palais royal, et de Castel Nuovo, ayant le beau spectacle de quatre grands navires cuirassés, majestueusement embossés dans la rade. Et, parmi eux, le *Sviglio*, orgueil de la marine italienne.

Telle fut la fin de notre première journée, avant d'être conduits dans nos hôtels, où déjà nos petits bagages nous avaient précédés.

Il existe à Naples des catacombes qui, comme à Rome, ont servi d'abris aux premiers chrétiens. Ce sont de longues galeries à trois étages, très étendues, mais qu'on ne peut visiter; elles ont été en parties obstruées par des éboulements de terre et par les corps des victimes d'une terrible peste, qui ravagea Naples et ses environs, en 1656.

*
* *

Dimanche 29 avril.

Après une nuit de repos passée dans les principaux hôtels de la ville, chacun de nous ayant satisfait au précepte dominical, dans une église de son choix ou de son voisinage, divers groupes se forment pour continuer nos pérégrinations. Une promenade en mer, une visite détaillée des églises de la ville, une ascension à la magnifique *chartreuse de San Martino,* s'offraient au choix de chacun.

Personne n'ayant le don d'ubiquité, il fallait choisir, car le temps était court et une visite à *Pompéï* et à *Valle di Pompei,* devait employer notre après-midi.

Je fus de ceux qui choisirent la visite des églises de Naples, et celle de la chartreuse de San Martino.

Mais, en narrateur fidèle, je dois ne pas omettre le récit de la promenade faite en mer, dont les détails nous furent donnés au retour par nos compagnons.

Je le reproduis ici ; je reviendrai ensuite au mien.

Voyage en mer.

Beaucoup de nos pèlerins, plus encore de nos pèlerines, avaient projeté de faire, dans la matinée, une exploration nautique dans le beau golfe de Naples, naviguant entre *Capri, Ischia, Sorrente* et la *Grotte d'Azur;* mais, faute de temps, ils n'espéraient pas débarquer en aucun de ces points. Ils désiraient pouvoir admirer ainsi les rivages parsemés de villas, de jardins couverts d'orangers, d'oliviers, de vignes et de fleurs.

Un petit bateau à vapeur, frété dans ce but, se balançait mollement au quai de l'*Immacolatella*. Joli nom, plein d'heureux présages pour des pèlerins et surtout pour des pèlerines, qui affrontaient les rigueurs de Neptune, n'ayant connu jusqu'ici que celles d'Arcachon.

Une famille napolitaine, composée de guitaristes et de mandolettistes, demande la faveur de charmer les oreilles des voyageurs pendant le trajet. La proposition fut acceptée, car, à Naples, il n'y a pas de partie de plaisir en mer, sans accompagnement de la barcarole classique *Santa Lucia*, vierge de Syracuse, patronne de la ville.

Le bateau partit à huit heures du matin. La mer, un peu agitée la veille, était assez calme pour n'inspirer aucune crainte sérieuse.

Cette promenade dura plusieurs heures, et, au retour, nos voyageurs nous dirent toutes les satisfactions qu'ils avaient ressenties en contemplant le magnifique spectacle de tant de beautés créées par Dieu. Quelques estomacs avaient cependant dû payer un léger tribut à la mer : mais c'était tout.

Visite des églises de Naples et ascension au belvédère de San Martino.

Ainsi que nous l'avons dit, nos pèlerins pouvaient former des groupes distincts pour visiter Naples et ses environs, ce qui donnait satisfaction aux attraits particuliers de chacun. Le groupe auquel je m'étais joint avait pour but de visiter quelques églises, et devait terminer sa course en voiture par une station à la célèbre abbaye de la chartreuse de San Martino.

San Gennaro (Saint Janvier), cathédrale de Naples, nommée aussi *el Duomo,* est une vaste et majestueuse église à trois nefs et arcades ogivales.

Deux grandes chapelles, ou plus exactement deux églises, y sont annexées. Celle de gauche est dédiée à sainte Restitute; c'est l'ancienne cathédrale de Naples. Celle de droite est dédiée à saint Janvier. On la nomme aussi chapelle du Trésor, parce qu'elle renferme des trésors considérables, présents des fidèles et des rois.

C'est dans cette chapelle que s'opère trois fois par an le miracle de la liquéfaction du sang de saint Janvier.

Ce miracle, très contesté, est cependant très

véritable. Il s'opère périodiquement devant de nombreux témoins dignes de foi. Notre Directeur nous assura avoir tenu entre ses mains, dans un précédent voyage qu'il fit à Naples, l'une des deux fioles dont le sang, desséché précédemment, était entré en pleine ébullition.

Le corps de saint Janvier, décapité à Pouzzoles, sous Dioclétien, en 306, repose sous le maître-autel. Son crâne est contenu dans un reliquaire d'argent en forme de buste, couvert de bijoux, de saphirs et de diamants précieux. Dans le trésor on voit aussi quarante-six bustes en argent, revêtus d'or et de pierreries, dons de souverains étrangers.

Le corps de santa Restituta est conservé à *Ischia*. Comme celui de saint Janvier, il est tenu en grande vénération par les Napolitains, en reconnaissance des calamités de divers genres, guerres et pestes, dont, à diverses époques, les habitants furent délivrés par l'intercession de ces deux saints.

Notre court séjour à Naples nous priva de la possibilité de voir le riche trésor de San Gennaro, qu'on ne livre à la vue des fidèles qu'à certaines fêtes de l'année.

Une autre église attirait aussi notre pieuse curiosité; c'est l'église de San Domenico Maggiore, bel édifice gothique où l'on vénère le Crucifix qui a parlé à saint Thomas d'Aquin (*Bene scripsisti de me, Thoma*), alors que le saint écrivain habitait et professait dans le couvent attenant à l'église.

Là s'arrêtera la description que nous voulons faire des églises de Naples, car le nombre en est considérable. Avant 1860, date de l'annexion du royaume des Deux-Siciles à l'Italie, Naples comptait plus de cinq cents églises, couvents ou chapelles.

Près de la moitié de ces lieux de prières sont encore livrés au culte, et, quoi qu'en puissent penser messieurs les sceptiques, toutes ces églises sont très fréquentées du lever du soleil à midi, heure de leur fermeture, par des fidèles de toutes conditions, agenouillés et recueillis. Le soir, après le travail des ouvriers, de très nombreuses chapelles, appartenant à des confréries d'hommes, sont envahies par eux jusqu'à une heure assez avancée de la nuit.

La population de Naples possède peut-être moins d'urbanité que la population romaine ; la bourgeoisie y est moins cultivée, et le peuple plus gesticulateur, plus criard, plus inflammable en apparence.

Mais, comme à Rome, l'indigène met obligeamment dans son chemin le voyageur égaré. Souvent même il l'accompagne assez loin, se détournant visiblement de sa route pour lui être utile.

Incrédules modernes qui critiquez les mœurs religieuses de ces contrées, et qui souvent taxez d'étroitesse d'esprit ou de fanatisme les coutumes de leurs habitants, apprenez à les mieux connaître.

Encore une fois, entrez dans les innomblables églises de Rome, de Naples, ou de toute autre grande ville italienne ; personnellement nous pourrions ajouter de Gênes, de Florence ; sans parler d'Assise, de Lorette, lieux de pèlerinage. et vous y verrez les marques d'une piété sincère. Malheureusement la pauvreté du bas peuple de Naples engendre chez lui un relâchement de tenue qui touche à la malpropreté et à la mendicité dans les classes très inférieures ; enfin, pour être absolument vrai, à l'exploitation de l'étranger, jusqu'au larcin des choses mal gardées. Mais, encore une fois, il faut distinguer entre la race des *lazzaroni,* ces êtres mollement étendus à l'ombre des maisons, vivant de pastèques, de pommes de terre frites, de poissons desséchés, et l'honnête ouvrier, l'agile marin, la ménagère laborieuse, se signant tous, pieusement, devant les croix, et faisant baiser tendrement à leurs enfants le pied de toutes les madones.

Tout ce monde-là est honnête et travaille beaucoup pour gagner péniblement sa vie et subvenir aux besoins de familles plus nombreuses qu'on ne les voit dans nos pays civilisés, où la natalité est en décroissance (1).

Nos mauvais journaux, nos écrits licencieux, autrefois inconnus des classes moyennes italiennes, s'étalent maintenant aux yeux de tous dans les rues, et pénètrent même jusque dans les hameaux. Des prédicateurs de mauvaises doctrines donnent des conférences publiques, sous les yeux et avec l'autorisation des pouvoirs municipaux modernes.

Enfin la démoralisation fait son œuvre néfaste, sous le nom de progrès, et les étrangers, refusant de voir la poutre qui les aveugle, attribuent à la direction ecclésiastique ce qui, bien au contraire, en est l'absence.

Le peuple italien aime ses prêtres, et à

(1) « Alors que la moyenne des naissances par mille habitants, est de vingt-quatre en France, elle est de trente-quatre en Angleterre, trente-sept en Allemagne et en Italie, quarante en Autriche et quarante-deux en Russie.

» Trois choses font la force d'un peuple qui ne veut pas disparaître de la face du monde : la religion ; des mœurs simples ; des familles fécondes. »

(Onésime Reclus. — *En France.*)

Rome, en particulier, il regrette la pompe que l'Église pouvait déployer autrefois, sacrilègement défendue aujourd'hui, par les arrêts d'une police étrangère.

Il regrette le temps où le Saint Père, qu'il appelait *nostro Papa,* comme au temps de l'occupation française, les soldats disaient : « Merci, mon Pape », lorsqu'ils recevaient des mains du Souverain Pontife des médailles ou de beaux chapelets pour leur mère.

Il regrette le temps où il voyait passer le Pape dans son grand carrosse, conduit au petit trot par quatre chevaux noirs, que précédait le légendaire *battistrada,* postillon à cheval, faisant claquer son fouet pour débarrasser les rues.

Deux magnifiques gardes nobles, l'épée au poing, escortaient la voiture, et, de sa portière toujours largement ouverte, apparaissait la figure rayonnante du *Pape*, du *Père* de cette population romaine, qui, d'un geste affectueux, bénissait son peuple agenouillé.

Oui, le peuple aimait « son Pape », il aimait ses cardinaux, tout vêtus de rouge, traversant ses rues dans de vieux carrosses, que leur pauvreté avait peine à renouveler, même à entretenir.

Et comme, de par l'étiquette, ni le Pape, ni les cardinaux ne pouvaient mettre pied à terre en ville, c'est hors des portes de Rome, qu'on pouvait rencontrer le Souverain Pontife, ce roi de deux cents millions de catholiques, marchant modestement à pied, lisant son bréviaire, comme un humble curé de campagne.

Aujourd'hui le Pape est relégué au Vatican, comme l'était autrefois un captif désarmé, autour du char de triomphe de son vainqueur.

Ah! Révolution impie et satanique, tu t'es attaquée à Dieu même, dont le Chef de l'Église est le représentant!

Nouveau Julien l'Apostat, tu opprimes nos consciences, tu abats nos croix, tu les jettes à l'égout.

Tu chasses Dieu de nos rues, de nos écoles, de nos hôpitaux. Le patrimoine des pauvres est saisi par toi pour combler le vide de tes coffres épuisés par tes prodigalités païennes et le paiement de tes vils courtisans. Et l'enfance! l'enfance, l'avenir de la patrie chrétienne! Tu la rends systématiquement impie, rétrogradant vers la barbarie et le paganisme. Mais c'est en vain que tu luttes contre le ciel : le Galiléen te fera encore mordre la poussière. Alors comme aujourd'hui, nous crierons : Vive le Pape! Vive le Pape!

L'Église catholique, au milieu des abîmes, des ouragans, des tourbillons et des tempêtes, ne sombrera jamais, parce que depuis dix-neuf cents ans la promesse immuable de son divin Fondateur se vérifie et reçoit encore aujourd'hui sa confirmation.

« *Tu es Petrus et super hanc petram ædificabo Ecclesiam meam, et portæ inferi non prævalebunt adversùs eam.* »

(*Evangelium secundum Matthæum*, XVI.)

Le passé répond de l'avenir.

Cherchons cependant d'où peut procéder un tel sentiment d'hostilité et de haine contre l'Église catholique et contre son Chef ; car, humainement, logiquement, une telle déraison ne s'explique pas !

C'est que l'Église catholique est la société des chrétiens qui professent la religion de Jésus-Christ, son fondateur et son souverain. En combattant l'Église, jusqu'à en souhaiter l'anéantissement, ses ennemis espèrent anéantir aussi Jésus-Christ et sa doctrine, dans lesquels ils voient la condamnation de leurs actes. Ils ont besoin que Dieu ne soit pas. Et ce besoin prouve que Dieu est, et que Jésus-Christ est Dieu. Mais leur fureur satanique ne saurait entraver la marche triomphale de l'Église. Jusqu'à la consommation des siècles les chrétiens crieront : Vive l'Église ! Et vive le Pape ! Dussent-ils, comme leurs ancêtres, inscrire de leur sang, sur le sable des arènes, cette profession de leur foi.

En sortant des églises que nous venions de visiter, et dont la vue des reliques précieusement conservées de génération en génération jusqu'à nos jours, m'avait inspiré les réflexions que je viens d'écrire, nous hélâmes une voiture pour nous conduire à la chartreuse de San Martino.

*
* *

Fidèle à mon programme, de ne visiter Naples qu'en pèlerin et non en touriste, je ne mentionnerai pas toutes les remarques qui auraient pu fixer mon attention, en d'autres temps, et avec plus de loisirs qu'aujourd'hui, en traversant Naples dans toute son étendue.

Après une grande heure de voiture, toujours en montant vers l'extrémité ouest de Naples, nous arrivons à la chartreuse de San Martino.

Situé dans une position enchanteresse, sur le devant du château Saint-Elme, cet ancien couvent de l'ordre de Saint-Bruno a l'aspect d'un château crénelé : mais c'est un chef-d'œuvre de sculptures et de peintures. Les religieux, plusieurs fois expulsés, y compris par les Français, en 1800, le furent définitivement en 1866, par suite de la suppression des ordres religieux en Italie.

La Chartreuse est aujourd'hui un des musées de la ville. Ce qui attire l'attention du visiteur de Naples, comme récompense de sa longue ascension, c'est le panorama unique en son genre qu'il a du haut de ce belvédère. La ville tout entière est sous ses yeux, ainsi que son superbe golfe et ses îles, parmi lesquelles Capri, au centre.

Autour du Vésuve, toujours fumant, on voit, à ses pieds, *Portici, Resina, Torre del Greco,* tout le littoral de la mer, suivi du beau promontoire de *Sorrente;* et, vers l'occident, la riante colline du *Pausilippe.* C'est véritablement féerique; le visiteur ému ne peut que s'écrier : « Oh! que Dieu est beau dans ses œuvres! »

Nous quittons à regret ce bel observatoire, jetant un rapide regard sur les diverses salles du musée et sur leurs précieuses collections, et nous terminons notre visite par une station dans le cloître, une des merveilles de l'art, aux nombreux portiques ornés de colonnades doriques entremêlées de statues de saints, en beau marbre. Au milieu du cloître est un puits; et autour l'ancien cimetière des religieux, fermé par une balustrade de marbre que surmontent des têtes de mort artistement sculptées. Sous les portiques, étaient les cellules des religieux.

Stimulé par l'heure qui s'écoule, nous nous arrachons à toutes ces beautés, pour ne pas manquer la visite de Pompéï, que le pèlerinage doit faire dans l'après-midi de ce jour, et nous rejoignons notre monde à l'hôtel.

POMPÉÏ

De **Pompéï,** où nous nous rendons en chemin de fer, passant devant le grand édifice de *Graneli,* devant *San Giovanni* et *Portici,* jolis petits ports de l'Adriatique, habités par des pêcheurs de corail; devant *Torre del Greco* et *Annunziata,* villes commerçantes, bâties sur d'anciennes laves du Vésuve, je ne dirai pas grand'chose qui ne soit déjà connu, ou qu'on ne trouve dans tous les guides. Pompéï, comme Herculanum,

UNE RUE DE POMPÉÏ

d'après une photographie de Mlle JEANNE GIZARD.

sa voisine, aujourd'hui Portici, sont bâties au pied méridional du Vésuve. Les Romains avaient fait de Pompéï un lieu de plaisance, et les mœurs païennes en avaient fait plus encore. C'était une grande ville, très régulièrement bâtie, habitée par une population nombreuse. Elle avait de la célébrité : Cicéron y écrivit ses *Offices*, Sénèque y passa sa jeunesse, Phèdre y composa ses fables, Pline l'ancien y mourut. Et après la destruction de la ville, Tacite et Pline le jeune, neveu du précédent, en écrivirent l'histoire.

« En l'an 63, sous Néron, ce sinistre empereur qui fit brûler Rome pour se donner le cruel spectacle d'en contempler l'embrasement, un tremblement de terre détruisit une partie d'Herculanum et de Pompéï. Néron, en ce moment-là, était à Naples, où vêtu en comédien, il chantait sur le théâtre.

» Les habitants de Pompéï, épouvantés, s'enfuirent et la ville fut abandonnée. Mais quelques années plus tard la confiance était revenue, Pompéï avait repris sa beauté première, lorsqu'en l'an 79, le 23 août, éclata l'épouvantable éruption vésuvienne, qui pendant trois jours, vomissant des torrents de matières inflammables, de pierres, d'eau bouillante et de cendres, couvrit la ville et les environs, de plus de quatre mètres de débris informes. Beaucoup d'habitants y trouvèrent la mort, y compris Pline l'ancien, que sa curiosité avait amené à braver l'éruption pour mieux en décrire les effets. Bientôt des vignes, et autres plantations, ayant remplacé toute construction, les années, puis les siècles s'accumulèrent; Rome avait des soucis plus sérieux que la recherche d'une ville perdue : Pompéï fut oubliée jusqu'en 1748. A cette époque, Charles III fit commencer des fouilles. Interrompues plusieurs fois et reprises ensuite, surtout pendant l'occupation française de Naples, par Murat, de 1808 à 1814, ces fouilles furent continuées jusqu'à nos jours, où elles occupent encore les recherches des savants. »

(*Pompéï et les Pompéïens*, par Marie Monnier.)

Aujourd'hui Pompéï ayant repris le genre d'architecture qu'elle avait alors, ses habitations et ses édifices font bien connaître la diversité de nos habitudes de celles des Pompéïens. Ce qui frappe tout d'abord, c'est le degré de civilisation et de confortable auquel ses habitants étaient arrivés.

On y conserve encore de fort belles mosaïques et de magnifiques peintures, quoique la plus grande partie des richesses artistiques ait été transportée dans les musées de Naples.

Au milieu de certaines pièces on voit, dans des vitrines, des squelettes d'hommes, de femmes et d'animaux moulés en plâtre dans la position où la mort les a surpris.

La visite de Pompéï, propriété nationale, est permise moyennant une redevance de deux francs, acquittée à l'entrée.

Mais si la visite de Pompéï n'intéresse que le voyageur, celle de la basilique de *Valle di Pompei,* située à environ deux kilomètres de Pompéï, y appelle le chrétien.

Au commencement de l'année 1876, *Valle di Pompei,* petit hameau situé au pied des ruines solitaires de Pompéï, au midi du Vésuve, n'était habité que par quelques paysans qui y menaient une vie errante et solitaire, et par des brigands qui y trouvaient un repaire. L'homme travaillait dans un vaste cimetière, le néant de la vie s'imposait à lui et ses regards ne se tournaient jamais vers le ciel. Il plut alors à la très sainte Vierge Marie d'y opérer une transformation complète au moyen du Rosaire. — Un habitant, l'avocat **Bartolo Longo**, eut l'heureuse inspiration de réunir chaque soir les pauvres paysans de la vallée, pour leur faire réciter en commun le chapelet. Il leur fit présent d'un tableau représentant la sainte Vierge avec l'Enfant Jésus, ayant à leurs pieds saint Dominique et sainte Catherine de Sienne recevant de leurs mains le Rosaire. Aidé de quelques âmes charitables, l'avocat se rendit acquéreur d'un terrain sur lequel. peu après, on construisit une modeste chapelle. La chapelle était à peine commencée que les offrandes abondaient de tous côtés, la foule devenait nombreuse. Le nombre des pèlerins, qui arrivaient de Pompéï, augmentait chaque jour. Des faveurs miraculeuses, dûment constatées, se produisaient, en même temps que l'ardeur reconnaissante prenait de grandioses proportions. Onze ans après, le 8 mai 1887, un cardinal délégué du Souverain Pontife, le pape Léon XIII, venait consacrer solennellement l'autel de Notre-Dame du Rosaire et présider au couronnement de la Vierge Immaculée. Aujourd'hui l'église de *Valle di Pompei* est devenue une superbe basilique; la population, très florissante, compte environ près de cinq mille âmes. La récitation du Rosaire est l'une des grandes dévotions des habitants, qui de leur affluence remplissent tous les soirs les vastes nefs de leur église. En un mot *Valle di Pompei* est devenue le Lourdes de l'Italie et une des stations du chemin de fer. Un sanctuaire, dédié à la Reine des cieux, est à jamais érigé en face de l'ancienne cité païenne.

De nombreux édifices sont venus se grouper autour du sanctuaire, sous le patronage puissant de Marie Immaculée. Toute une classe de déshérités y trouve un abri : salle d'asile pour les enfants des deux sexes, ouvroir, école préparatoire aux arts et métiers, ateliers d'imprimerie et de reliure d'où partent chaque mois plusieurs milliers d'exemplaires qui relatent les grâces obtenues.

Le couronnement de l'Œuvre est un orphelinat pour les petites filles de quatre à six ans, abandonnées, orphelines, ou délaissées. Toutes sont reçues sans aucune rétribution.

Dans le seul espace de treize années, les associés à l'archiconfrérie du Rosaire, en comptant les défunts, dépassent cinq cent mille. Chaque sou de ses associés a contribué à l'érection du temple de Marie pour lequel, à cette époque (1889), on avait dépensé un million deux cent mille francs.

Tel est le résultat d'un acte de piété mis en pratique par un seul chrétien, et la miraculeuse protection accordée par la sainte Vierge à ceux qui invoquent son nom sous le vocable de Notre-Dame du Rosaire.

Le village de *Valle di Pompei* deviendra

la nouvelle Pompéï, la Pompéï du Rosaire de Marie.

Nous avons visité cette célèbre basilique et récité là notre rosaire à l'intention de nos familles et de notre chère France, que protège aussi l'Immaculée Mère de Dieu.

Retour à Naples et départ.

Après la visite de Pompéï et de la célèbre basilique de *Valle di Pompei*, notre pèlerinage, toujours favorisé par une température délicieuse, revient à Naples, en chemin de fer. Quelques heures seulement nous séparent du départ pour Rome, fixé pour 11 h. 15 du soir.

Mais, en voyage, on a toujours quelque chose à faire : il semble que les forces soient décuplées pour suffire à tous les désirs que le cœur manifeste ou que l'imagination invente.

Après un dîner hâtivement fait, chacun se répand dans la ville. La population en habits de fête, car la journée du dimanche s'achevait, rentrait, bruyante. Le chemin de fer déversait des flots de papas et de mamans, qui, chargés d'enfants à moitié endormis, revenaient de la campagne, Les uns accrochés aux robes de leur mère ou de leurs grandes sœurs. D'autres portés à califourchon sur les épaules du père. Les tramways, archi-bondés, se croisaient sans interruption. Et les *corricoli*, traînés par ces indomptables petits chevaux napolitains, harnachés de cuivrerie, traversaient au galop toute cette foule sans écraser personne.

Vraiment l'aspect des grandes villes se ressemble les jours de fête, dans tous les pays : la foule a partout les mêmes instincts. Chez nous ce sont de graves agents, préposés à la police des rues, qui seuls semblent être étrangers à ce mouvement vertigineux et le contemplent froidement. Ici ce sont de superbes carabiniers, gendarmes à la coiffure surmontée de grands panaches, qui, toujours deux à deux, sillonnent les trottoirs. N'était l'idiome étranger, auquel du reste on s'accoutume si vite, qu'on se hasarde à l'employer, souvent à sa grande confusion, car, en échange d'une phrase presque inintelligible, qui n'a d'italien que l'intention, l'interlocuteur vous dit en excellent français : « Parlez français, monsieur, je le comprends. »

L'observateur philosophe serait tenté de répéter la phrase de Salomon : *Nil novi sub sole*. Mais cet aphorisme n'est pas tout à fait de circonstance ce soir, car le soleil est couché, et c'est la lune qui brille. Belle, magnifique, lumineuse, escortée de milliards d'étoiles; cette belle lune napolitaine, que Mme Swetchine déclarait être « plus lumineuse que maints soleils ». Mais l'heure du départ approche; on n'a que le temps de retrouver le chemin de son hôtel; de boucler sa petite valise et de monter dans l'omnibus qui, en quelques minutes, nous dépose à la gare.

Point de billets à prendre, point de colis à faire enregistrer, puisque nous portons tout avec nous. Nos guides bienveillants nous ont précédés, ils se trouvent juste là pour nous dire obligeamment : « Voici nôtre train, vos numéros de voitures sont les mêmes; traversez la voie, il n'y a aucun danger. » D'assez galants compagnons de voyage soulagent les dames âgées des paquets qu'elles n'ont pu confier à des *facchini*, et la famille, jusque là éparpillée, se reconstitue.

Personne ne manque à l'appel et le cri bien connu de « Signori, presto in vettura », ayant retenti, on part.

Mais déjà des cris d'admiration éclatent de toutes les voitures : « Le Vésuve! le Vésuve!... » En effet, le Vésuve, dont le sommet est illuminé de clartés phosphorescentes, se montre dans l'obscurité de la nuit, il apparaît comme une immense sentinelle qui garde la plaine.

Par moments, cette clarté bleuâtre passe au rouge foncé, comme une chaude bouffée que le monstre exhale. Assez longtemps ce spectacle est en vue.

Enfin la fatigue, l'obscurité, le bercement des wagons et le silence succédant aux conversations, appesantissent nos paupières, un demi-sommeil allait nous envahir, lorsque, bruyamment, la portière de notre compartiment s'ouvre et un personnage s'élance dans l'entrebâillement. Mais il s'arrête interdit au bruit de voix multiples qui, dans des tons différents, lui crient :

« Rattenuto, signor! Rattenuto!....

— Pellegrini! Pellegrini! Carovana! Carovana!.... »

Mais déjà le train avait repris sa course; le personnage, toujours debout sur le marchepied, nous dit en bon français : « De grâce, recueillez-moi, comme le mendiant de Jéricho, pour moins longtemps, cependant. Je suis Belge, par conséquent presque Français; je descendrai à la première station. » Force fut donc d'accueillir ce nouveau venu.

Très aimablement, il entame la conversation, et la curiosité ayant interrompu notre sommeil, nous l'écoutons.

Ce monsieur habitait l'Italie, il voyageait pour ses affaires, paraissait être très âgé et très respectable. Naples, tout naturellement, devint l'objet de la conversation. Il nous dit, gaîment : « Qui a vu Naples a presque pris la résolution d'y revenir, n'est-ce pas ? Vous connaissez du reste le proverbe ?..... Il n'en était pas ainsi, il y a trente ans.

» En remercîment de votre bienveillante hospitalité, je vais vous raconter ce qui m'advint lors de ma première visite à Naples :

» Attiré par la vue de Naples et de sa campagne, qui a toujours offert ce que la nature a de plus gai et de plus enchanteur, j'avais pris logement dans ce qu'on appelait, alors, un hôtel *da prima classe*. Pour tout gargotier, son hôtel est de premier ordre. J'y passai huit jours. La cuisine napolitaine était détestable, la chambre à coucher, petite et sombre, était un vrai nid à souris, en même temps que le rendez-vous de myriades de moustiques, qui s'y introduisaient chaque soir par une fenêtre sans vitres. Et le lit ! le lit, dur comme un cœur d'avare, contenait plus de paille que de crin et plus d'insectes que de brins de paille.

» Certes, j'avais grandement payé le plaisir de voir Naples ! Ce qui ne m'empêcha pas, au départ, d'avoir à payer une note d'hôtel *da prima classe*. Donnant donc une variante au dicton populaire : « Voir Naples et mourir », j'ajoutai : mourir de misère et de faim, — et n'y revins plus de dix ans.

» Il n'en est plus de même aujourd'hui. Si la note à payer, *la lista*, est toujours de première classe par rang d'addition, les hôtels sont généralement habitables, et votre AGENCE LUBIN a la réputation de bien traiter ses administrés. »

Sur ce, le train s'étant arrêté à une station, notre courtois voyageur nous salua et partit. De notre côté nous reprîmes en chœur notre sommeil interrompu, et n'ouvrîmes les yeux qu'à Rome, au bruit des portières qu'on agitait avec fracas.

ROME

Deux heures d'arrêt en gare della Strada Ferrata.

Lundi 30 avril.

Arrivés ce matin à sept heures, à Rome, et devant repartir à 9 h. 40 pour Florence, acheminant ainsi nos étapes agréables sur Bordeaux, le temps nous manquerait pour circuler dans la ville : il faut nous contenter d'une halte au buffet, après avoir entendu la messe dans la magnifique église Sainte-Marie des Anges, voisine. Je ne détaillerai pas les beautés de cette église, qui contient la magnifique statue de saint Bruno, fondateur de l'ordre des Chartreux. Elle fait honneur, du reste, à l'éminent artiste français, Houdon, qui l'a sculptée. On rapporte que Clément XIV disait de ce chef-d'œuvre : « Il parlerait, si la règle de son ordre ne le lui défendait. »

Le grand avantage qu'offre la Rome chrétienne, dût-on l'habiter des années, c'est de donner au visiteur de ses monuments religieux, un spectacle toujours nouveau, instructif et édifiant.

Pour la première fois, malgré un séjour de plusieurs années fait à Rome, j'ai vu ce matin, derrière cette église, dans le cloître, formant un carré entouré d'un portique soutenu par cent colonnes de travertin, des peintures en forme de vieux feuillets, jaunis, lacérés, paraissant être à peine retenus par un clou, ou semblant être collés au mur, au moyen d'un pain à cacheter; illusion complète; et sur l'un de ces feuillets l'inscription latine dont voici la traduction: « La considération des mathématiques est le prélude pour arriver à la contemplation des choses divines. »

M'arrachant aux curieuses découvertes que je venais de faire, je rentre à la gare en traversant la splendide « piazza di Termini ». Nos amis de Rome sont venus nous y faire leurs adieux, et avec eux l'obligeant propriétaire de l'hôtel de Milan, porteur des lettres qui étaient arrivées pendant notre absence.

En voiture! En voiture, messieurs!

Munis d'un élégant panier contenant le repas de midi, nous prenons nos places habituelles et le train s'élance. Cette fois c'en est fait : « Addio, Roma! Addio!..... »

Moins triste qu'il y a trente ans, lorsque je quittais Rome, captif des Italiens vainqueurs, en compagnie de camarades d'armes aussi affligés que moi.

Trente ans!..... Est-ce possible!..... Que d'événements se sont accomplis depuis cette époque néfaste!..... Prisonniers des Italiens pour lesquels nous avions versé notre sang à Magenta et à Solferino, nous devions, quelques mois après, devenir les prisonniers des Allemands, dont la présence, en France, souillait déjà le sol de la patrie. Du moins, mes braves camarades de Rome, qui tombés sur le champ de bataille n'avez pas connu les angoisses de cette seconde défaite, du ciel où vous êtes, sans doute, laissez-moi rendre un hommage à votre foi chrétienne et à votre patriotisme.

Revêtus encore du costume pontifical, que vous aviez si vaillamment porté à Rome, vous aviez hâte d'acquitter envers la patrie française une dette aussi sacrée que celle que vous veniez de payer à votre foi religieuse. Aussi, quelques jours après votre retour en France, six d'entre vous étaient tués, dix blessés et deux cent soixante-dix sous-officiers, caporaux ou soldats, avaient subi le même sort.

Ne pouvant pas citer nominativement tous ces braves, qu'on me permette de donner ici le nom des officiers, ex-soldats du Pape, qui furent tués pendant la guerre de 1870, dans la légion d'Antibes, placée sous mon commandement.

C'étaient : MM. Napoletti, capitaine. — Ringard, capitaine. — Pothier, commandant. — Desforges, capitaine. — De Lesquen, sous-lieutenant. — Crespel, capitaine (1).

(1) *La Légion d'Antibes*, par l'abbé Staub, chevalier de la Légion d'honneur. Paillart, éditeur, Abbeville.

CHAPITRE V

De Rome à Florence, rien n'appelait particulièrement notre curiosité. Peu après notre départ nous passions devant *Monte Rotondo* où, le 26 octobre 1867, eut lieu un mémorable combat de trois jours, entre trois compagnies de la légion franco-romaine et un corps d'armée commandé par le condottière Garibaldi en personne. Un jeune offiçier de beaucoup de valeur, le lieutenant de Quatrebarbes, qui commandait l'artillerie, reçut là une blessure grave dont il mourut quelques jours après. Sa mort fut douce, édifiante et calme, comme l'avait été sa vie. Son décès fut ainsi annoncé à sa mère affligée : « Bernard au ciel. » *(La Légion d'Antibes*, p. 75.) A peu de distance est Mentana, l'ancienne *Nomentum*, lieu d'une célèbre bataille gagnée le 3 novembre 1867 par les pontificaux, auxquels les troupes françaises s'étaient spontanément jointes.

Puis, successivement, nous passons devant Orte, sur le Tibre, devant Orvieto, célèbre par son vin et par l'invention de la drogue médicinale dite orviétan. Devant Arezzo, jolie petite ville qui a donné naissance à beaucoup d'hommes célèbres, et en particulier au bénédictin Gui Monaco, inventeur de la notation musicale actuelle. Enfin nous arrivons à Florence, à 7 h. 50 du soir. Comme toujours, ce qui pouvait faciliter notre installation rapide avait été prévu et arrêté d'avance. Les omnibus de nos hôtels attendaient notre arrivée, et quelques instants après nous étions logés et prêts à nous mettre à table. L'hospitalité reçue, même à prix d'argent, a son charme: elle est l'image de cette hospitalité que Dieu, dans sa miséricorde, a laissée ici-bas, dit Louis Veuillot, pour empêcher les hommes d'oublier tout à fait qu'ils sont frères.

FLORENCE

Mardi 1er mai.

Florence, appelée l'Athènes de l'Italie, disent les guides, parce qu'elle a été le berceau des arts et de la civilisation, est nommée par Mgr Deschamps du Manoir, dans son livre, *Souvenirs de l'Italie*, une fleur placée au fond d'une corbeille, qu'entourent les Appennins et qu'arrose l'Arno.

Pour nous, voyageurs d'un jour, nous ne voyons, en Florence, qu'une grande et belle ville de cent soixante mille âmes, inondée de soleil, élégante et proprette, qui nous semble bien justifier les éloges qu'on a pu faire d'elle.

Ses édifices sont nombreux, autant que ses palais aux formes massives, sortes de châteaux forts couronnés de créneaux et de machicoulis. Monuments sévères, dont les façades, hautes et noircies par le temps, ont la physionomie de grandes citadelles dans le style du moyen âge.

La ville est divisée en deux parties par l'Arno, qui, après un long parcours, se jette dans la Méditerranée.

Le département de l'Arno, sous Napoléon Ier, eut pour chef-lieu Florence.

Quatre grands ponts réunissent les deux parties de la ville.

L'idiome italien y est pur et facilement compréhensible aux étrangers. Ce qui justifie l'expression connue : « Lingua romana in bocca toscana. »

Le cadre de ce récit ne comportant pas de longues descriptions, nous nous bornerons à énoncer sommairement les choses qu'il nous aura été donné de voir à Florence, pendant le très court séjour que nous y avons fait, engageant nos lecteurs, si toutefois cet honneur est fait à notre récit, à visiter Florence, ou du moins à lire les belles descriptions qui en ont été faites.

***

Nous sommes arrivés à Florence, hier 30 avril, à 7 h. 50 du soir. L'heure tardive ne nous a pas permis d'entrer dans l'église la plus voisine de notre hôtel, mais aujourd'hui, 1er mai, dès le point du jour, nous allons prendre des compensations. Après la messe entendue, toute notre matinée va être employée à visiter la ville, sous la conduite de différents *ciceroni*.

Le Dôme, ou Sainte-Marie des Fleurs (*Santa Maria del Fiore*), cathédrale de Florence, reçoit notre première visite.

La coupole de cette église est un chef-d'œuvre de construction; elle a servi de modèle à Michel-Ange pour l'exécution de Saint-Pierre de Rome.

L'extérieur du Dôme est revêtu de mosaïques de marbre de différentes couleurs, sortes de grands damiers, que certains critiques comparent à un jeu de dominos.

La longueur de l'église est de cent quarante-neuf mètres, sa hauteur totale, de sa base à la boule qui la surmonte, est de cent quatorze mètres (la longueur de l'église de Saint-Pierre de Rome est de cent quatre-vingt-sept mètres, et sa hauteur totale est de cent trente-huit mètres).

Le clocher ou campanile, d'une hauteur de quatre-vingt-quatre mètres, est attenant à l'église; il est également revêtu de marbres de différentes nuances. C'est une merveille de construction. Cette belle tour est ornée de cinquante-quatre bas-reliefs représentant des sujets divers, et de seize statues. On ne saurait se lasser de l'admirer. Quatre cent soixante-trois marches et cinquante-sept échelons permettent de grimper jusqu'au sommet de l'édifice. Je n'en eus ni l'envie, ni le courage.

Déjà nous avons eu occasion de le dire : la plupart des grandes églises italiennes sont remarquables par leurs formes, par la hardiesse de leur construction, la variété de leur style et l'ornementation de leur intérieur; mais l'art chrétien y fait complètement défaut. Le style ogival de nos grandes cathédrales françaises, qui caractérise l'architecture gothique, « dont les lignes gracieuses » pareilles à nos prières, s'élancent vers le » ciel, puis se rencontrant devant Dieu, s'in- » clinent et s'embrassent comme des sœurs, » portent infiniment plus au recueillement. « Depuis la Renaissance, l'art païen a détrôné » l'art chrétien (1). »

Sur la même place est le Baptistère, troisième merveille de Florence. C'est un édifice octogone, célèbre par ses sculptures, mais plus encore par ses portes de bronze et par leurs bas-reliefs, d'une grande finesse de détails. Michel-Ange disait de celle du sud, qui fait face au Dôme et sur laquelle la vie de saint Jean-Baptiste est gravée, qu'elle serait digne d'être la porte du Paradis.

(1) Montalembert. *Du Vandalisme en France.*

A Florence, comme nous l'eussions fait à Rome si le but qui nous y appelait l'eût permis, nous avons visité les églises dans la matinée, après les offices, et les musées le soir. Donc, après avoir admiré le Dôme, le Campanile et le Baptistère, nous continuons nos visites par l'église Santa Maria Novella, ancien couvent de Dominicains, admirable cloître décoré de magnifiques fresques et de belles peintures.

Le *Récit d'une sœur* a rendu célèbre une des tribunes de cette église : c'est la première à droite dans le chœur.

En 1832, « Albert de la Ferronnays prit là une résolution à laquelle il resta fidèle toute sa vie », nous dit Mme Craven (*Pauline*), sa sœur.

Puis nos groupes s'éparpillent au goût de chacun ; les uns vont visiter la galerie des Médicis, ou chapelle des Princes ; les autres continuent la visite des plus remarquables églises de la ville. Ayant eu la satisfaction de voir les deux, je puis en dire quelques mots.

La galerie des Médicis contient d'admirables chefs-d'œuvre d'art et de sculpture, ainsi que les tombeaux de quelques princes de cette famille, dont Florence fut le domaine pendant plusieurs siècles. La chapelle des

Médicis, commencée en 1604, sous le règne de Ferdinand Ier, d'après les dessins du prince Jean de Médicis, était destinée à recevoir le sépulcre de Jésus-Christ, que l'émir Facardin avait promis d'enlever aux infidèles ; mais cette espérance ne s'étant pas réalisée, Côme II la destina à recevoir les tombeaux de sa famille.

Sortant de la belle chapelle des Médicis, je visitai successivement la magnifique église de l'Annunziata ; celles des Carmes (*dei Carmine*), des Ognissanti (de Tous les Saints), de Santa Croce, nommée le Panthéon italien, et enfin l'église du Saint-Esprit (*San Spirito*).

Il serait trop long de parler en détail de chacune de ces églises ; toutes sont absolument remarquables et mériteraient un plus long examen.

Tel fut l'emploi de notre matinée du 1er mai. Celui de l'après-midi, quoique d'un genre différent, ne fut pas moins complet. Mais un certain intervalle s'imposait, autant à notre attention qu'à nos forces. Cet intervalle fut rempli par notre repas de midi, fait en commun. On aime à se revoir et à se communiquer ses remarques. Un pèlerinage devient si vite une famille ! Aussi nos latinistes nous disaient-ils, en français, pour la facilité de chacun : « Il est doux de vivre entre frères ; *ecce quam bonum et quam jucundum habitare fratres in unum.....* »

A deux heures nous étions tous réunis sur la belle place della Signoria, devant le Vieux Palais (*Palazzo Vecchio*), pour visiter les célèbres galeries des palais degli Uffizi (des offices) et Pitti, ensuite.

Sur la place della Signoria, existe une grande fontaine, entourée d'un long bassin de marbre blanc, orné de nombreux tritons. A côté est le Vieux Palais. Bâti en l'an 1298, il devint la résidence de la Seigneurie de Florence. Une immense tour carrée, haute de quatre-vingt-quatorze mètres, le surmonte. Le bourdon de cette tour servait à appeler le peuple aux réunions publiques. Au dessus du fronton de la porte principale du palais sont figurés deux lions, et au milieu l'inscription « *Rex Regum et Dominus Dominantium* ».

Aujourd'hui l'ancien palais appartient à la municipalité florentine.

Combien de sang humain vit couler cette place della Signoria, pendant les longues guerres intestines qui désolèrent la Toscane !

Nos guides étant arrivés, nous entrons au palais degli Uffizi, tout voisin du Vieux Palais, où sont les superbes galeries fondées par les Médicis et enrichies par leurs successeurs. C'est une réunion de statues, de bustes, de tableaux, de peintures de toutes les écoles connues, exposés dans une succession de chambres, de vestibules, et d'immenses corridors : véritables labyrinthes, qui nécessiteraient plusieurs longues journées d'examen pour être vus avec profit.

Le palais Pitti, où se trouve une immense galerie, aussi riche que celle-ci en chefs-d'œuvre de tous genres, quoique indépendante de la première, en est cependant la suite. Les deux palais degli Uffizi et Pitti sont situés à intervalle assez éloigné : l'un sur la rive droite de l'Arno, l'autre sur la rive opposée. On y accède sans même sans rendre compte, en suivant une longue galerie de tableaux, qui sert de pont.

Tout cela est vraiment merveilleux et fait de ces deux musées une curiosité rare.

Le palais Pitti est la résidence de la famille royale italienne, lorsqu'elle séjourne à Florence.

La ville possède encore plusieurs musées ou galeries de peintures et de sculptures anciennes ou modernes, mais de moindre importance que les précédentes. Il en existe aussi un assez grand nombre d'autres, qui sont des propriétés particulières livrées au public à certains jours. Il faudrait un long séjour à Florence pour visiter en détail toutes ces belles choses.

Promenade dans les environs de Florence.

Il entrait dans notre programme, très habilement tracé par nos Directeurs, de faire une promenade en voiture à notre sortie du palais Pitti. Dans ce but, un grand nombre de véhicules, réunis sur la place Pitti, nous conduisirent dans les environs, le long de belles allées plantées d'arbres; le « Bois de Boulogne » de Florence, nous dit notre guide.

Il y a un fac-simile du « Bois de Boulogne » à Naples ; il y en a un à Florence. Le Français, toujours un peu vaniteux, oh ! mais, si peu !!!... goûte, avec une certaine satisfaction patriotique, les petites aménités des vetturini italiens, en quête d'*una buonamano.*

La première partie de notre promenade nous conduisit sur une place élevée, vaste et découverte, au centre de laquelle est la statue de Michel-Ange. De ce lieu, dit Bello Sguardo, nos guides nous firent admirer le beau panorama de Florence ; et, à cinq kilomètres nord-est, la gracieuse cité de Fiesole, aux murs cyclopéens. Puis, descendant de ces hauteurs, et passant sur la rive droite de l'Arno, nos voitures nous amenèrent aux Cascines : magnifique promenade aux grandes allées bordées d'arbres de haute futaie, de massifs et de plantes entremêlées d'orangers et de citronniers odoriférants. Très digne, en effet, d'être comparée au Bois de Boulogne de Paris, ou à l'Hyde-Park de Londres. C'est la promenade la plus fréquentée de Florence et le rendez-vous de beaux équipages qui appartiennent à l'aristocratie de la ville, ou aux riches étrangers qui y sont en villégiature.

Mais, nos enchantements de touristes ne doivent pas nous faire oublier nos devoirs de pieux pèlerins : c'est aujourd'hui le 1er mai : nos familles, en ce jour, célèbrent avec éclat l'ouverture du mois consacré à la sainte Vierge ; célébrons donc aussi, à Florence, cette belle fête, en union avec elles.

Nos voitures nous déposent sur la place du Dôme, à la porte de la belle église de Santa Maria del Fiore (Sainte-Marie des Fleurs), où, tous réunis, nous assistons à l'ouverture du Mois de Marie.

Un de nos pèlerins, M. l'abbé **Bouquin,** curé de Saint-Louis de Rochefort, nous adresse une allocution aussi éloquente que pieuse. Notre schola féminine, guérie des enrouements du voyage, fait retentir de ses plus beaux cantiques les voûtes de l'immense basilique, et une bénédiction du Très Saint Sacrement termine notre journée si bien remplie. Chacun rentre ensuite dans sa demeure, pour se préparer au départ du lendemain matin.

*
* *

Mercredi 2 mai.

On ne dort guère, en voyage : levé presque aussi tôt que le soleil, je cours saluer une dernière fois le Jésus du Saint Sacrement, dans l'église voisine. Déjà de braves et pieux campagnards s'y trouvent. Ce sont des maraîchers, qui plus vigilants que les ménagères de la ville, attendent la fin de leur sommeil pour aller sonner à leurs portes, ou pour crier leur marchandise dans les rues. Ils viennent de loin, ces braves *contadini* : leurs pieds poussiéreux l'indiquent. Ils goûtent là quelque repos devant la Madone, proternés comme le sont les Italiens sur le sol des églises, où les bancs sont rares et les chaises inconnues. Plusieurs femmes, ouvrières ou petites bourgeoises, paraissent prier avec grande ferveur. Elles communient dévotement.

— Si l'on pouvait, pensais-je, voir réunis tous les vrais adorateurs de Dieu, qui, de tous les coins du monde, le prient dès le point du jour. Puis, tous ceux qui, suivant la liberté que peut leur accorder leur santé, leur âge, leurs travaux, le prient à chaque instant, ce spectacle consolerait un peu de la vue de ceux qui ne prient pas, qui prient mal ou qui ne savent pas prier. Les prières de tant de fervents adorateurs font sans doute contre-poids à la justice de Dieu et expliquent sa patience et aussi sa bonté.

Mais l'heure du départ s'avance, tout s'agite autour de nous. Le dirai-je? les départs m'attristent; ils sont l'image de l'instabilité des choses de la vie..... Cependant chaque heure, maintenant, nous rapproche de la patrie, centre de nos affections.

En gare de Florence *(8 h. 50)*. Départ pour Pise.

Pèlerins désormais rompus aux voyages, nous reprenons nos trajets interrompus, comme un lecteur reprend son livre de la veille. Nos Directeurs se félicitent d'avoir à conduire un bataillon aussi bien discipliné.

Nous voici donc lancés à toute vapeur vers Pise, dernière étape qui nous reste à faire sur la terre italienne, avant d'arriver en France.

Le trajet sera court, autant que l'arrêt, du reste, car nous devons arriver à Pise, à 11 heures, déjeuner au buffet, et après une visite sommaire de la ville, repartir à 2 h. 15 de l'après-midi.

De Florence à Pise, sur le réseau de l'Adriatique, nous suivons le fleuve Arno. Nous rencontrons Empoli, petite ville, dans une vallée fertile, puis nous arrivons à **Pise**, où un déjeuner très confortable nous attend au buffet de la gare.

A l'issue de ce repas, un dernier toast, expression des sentiments de gratitude de chacun, est porté par le **comte de Pontac**, en l'honneur de notre vénéré Directeur et de ses aides bienveillants.

PISE

Pise est une très ancienne cité, d'origine grecque, mentionnée déjà par Virgile, dans son *Énéide*, au livre x^e^.

La puissance de Pise fut considérable au moyen âge, et les Pisans se distinguèrent au siège de Jérusalem, en 1099.

Tandis que Cucco de Ricucchi, leur chef, portait pendant la bataille l'étendard surmonté d'une croix en métal, la hampe tourna dans sa main, et le Christ s'écria : « Continuez, chrétiens, la victoire est à vous ! » De là l'usage des Pisans de tenir le crucifix la face tournée vers le porteur.

En nous rendant à l'église du Dôme, magnifique cathédrale du onzième siècle, nous traversons la place dei Cavalieri, à côté de la fameuse tour de la Muda, ou de la Faim. Dans cette tour mourut de faim le comte Ugolin, tyran de Pise, qui, en 1282, y avait été enfermé avec ses deux enfants et deux de ses petits-fils. Tout le monde connaît cette mort terrible, racontée par le Dante, dans sa *Divine Comédie,* et aussi cette phrase : « Ugolin dévora ses enfants pour leur conserver un père. »

Les monuments que nous venons voir à Pise, sont d'abord sa superbe cathédrale, construite en marbre, en 1063, et les trois merveilleuses portes de bronze, avec bas-reliefs sculptés. L'intérieur de cette cathédrale renferme des chefs-d'œuvre d'art de tout genres : peintures, sculptures, colonnades, galeries, mosaïques, marqueteries ; tout est merveilleux.

Au milieu de la voûte est suspendu un

lampadaire ancien, orné de petits enfants de bronze. La tradition veut qu'en observant ses oscillations, le grand Galilée ait découvert les lois du pendule. Plus de cent fenêtres, aux vitraux coloriés, donnent une douce clarté, très convenable à la sainteté de ce lieu.

***

Du **Dôme**, nous allons au **Baptistère.** De forme ronde, le **Baptistère** est décoré à l'extérieur de deux rangs de colonnades. Le sommet est surmonté de la statue de saint Jean-Baptiste. Quatre portes donnent entrée dans ce magnifique monument. L'œuvre magistrale est la superbe chaire de forme hexagone, en fin marbre statuaire. Le plus léger bruit, fait dans l'intérieur du Baptistère, est renforcé par la répercussion que produisent les voûtes elliptiques, et forme un écho surprenant. Cet édifice fut commencé en l'an 1152.

Campo Santo.

Le **Campo Santo** est un grandiose édifice, qui autrefois servait de cimetière. Il est long de cent trente-trois mètres, large de quarante-trois et haut de quinze. Cet enclos contient cinquante-trois galères de terre sainte, provenant du Calvaire de Jérusalem, rapportée par les Pisans, en 1192, au temps des Croisades.

Quatre galeries avec soixante-deux fenêtres en ogive et des colonnettes de style gothique entourent ce large champ sépulcral. Dans ces galeries se trouvent les tombeaux d'une grande quantité d'illustres citoyens, et, le long de la muraille, des sarcophages, des urnes cinéraires, des statues mutilées et d'autres objets antiques. Soixante-huit belles fresques du Giotto et autres artistes célèbres, sont peintes sur les murailles.

Campanile ou Tour penchée.

Ce surprenant édifice fut commencé en 1174. On a beaucoup discuté sur l'inclinaison de cette tour. Les uns veulent que ce soit avec intention qu'elle ait été faite ainsi, les autres sont d'avis que l'inclinaison provient de l'abaissement du sol. La hauteur de la tour est de cinquante-cinq mètres, et sa circonférence, à la base, est de quarante-neuf mètres.

Elle est entourée au dehors de huit rangs de colonnes superposées, au nombre de deux cent sept. On monte au septième étage par un escalier de deux cent quatre-vingt-treize marches, et par un autre escalier en colimaçon, on arrive au sommet. Les sept cloches qui surmontent l'édifice ont un son harmonieux qui correspond aux sept notes musicales.

Galilée (*Galileo Galilei*), l'illustre mathématicien, physicien et astronome, est né à Pise, en 1564. (On y montre encore sa maison). C'est à Pise qu'il fit la plupart de ses découvertes. Forcé de faire amende honorable pour avoir prouvé le mouvement de la terre autour du soleil, on connaît de lui cette phrase : « *E pur si muove*. Et pourtant, elle tourne. »

La pluie, ce jour-là, tombait avec abondance, ce qui fit dire, à l'une de nos spirituelles pèlerines, que l'Italie versait d'abondantes larmes sur notre départ. Ces larmoyants adieux eurent pour effet de nous contraindre à réintégrer la gare au plus vite, sans nous laisser la possibilité de visiter quelques-unes des magnifiques églises de la ville, entre autres Sainte-Catherine, Saint-Pierre, Saint-Sépulcre, la belle bibliothèque du séminaire, qui contient quarante mille volumes. Enfin, le célèbre petit temple, Santa Maria della Spina, précieux bijou gothique du quinzième siècle, ainsi nommé, parce qu'on y conservait autrefois une épine de la couronne de Notre-Seigneur.

Peu après, le réseau de la Méditerranée nous emportait, *con furore*, vers la patrie française.

Désormais, c'est avec indifférence que nous verrons passer Avenza, Spezzia, Chiavavi. Nous en dirions presque autant de Gênes, si un dîner substantiel ne nous y attendait au buffet de la gare. Mais cette indifférence était bien justifiée par une pluie battante.

Assez pleurer notre départ, ô Italie! Nous reviendrons plusieurs fois encore jouir de ton beau soleil d'avril. C'est à lui que nous devons la santé parfaite de tous les nôtres. Aussi, répétant ton proverbe, nous disons :

« *Dovè non va il sole, va il medico.* Mais le soleil est venu et a éloigné le médecin. »

VINTIMILLE

Vintimiglia! Vintimiglia!..... Tout le monde descend! Tel est le dernier appel italien que nous entendons. Il est minuit, heure italienne, ou 11 h. 5, heure française; nous rajeunissons d'autant. Une voix française nous crie sur un ton de commandement : « Messieurs les voyageurs ! veuillez ouvrir vos valises et passer à la douane. » C'est la réponse faite au berger fiscal italien par la bergère douanière française. C'est également ici que s'effectue l'échange des monnaies internationales, et la remise, par *il cambiatore*, de pièces de cinq francs étrangères, qui ne valent que deux francs soixante-quinze en France, et de pièces de un franc démonétisées, qui n'ont plus cours nulle part.

Honnêteté juive, on te retrouve partout !...

***

Un nouveau train nous attend ; nous y montons, et, en route vers la France.

Adieu, ô Italie ! Nous aussi nous te pleurons, mais silencieusement, et notre Côte d'Azur, que la nuit couvre d'épaisses ténèbres, ajoute encore aux tristesses de la séparation. Mais un beau lever de soleil va saluer notre passage devant le golfe Juan, et, en dissipant les nuages, atténuer nos regrets.

MARSEILLE

Jeudi 3 mai, 8 heures matin.

« L'homme s'agite et Dieu le mène », dit la sagesse des nations. Cette fois c'est la Sainte Vierge qui nous amène jusqu'à ses pieds, dans son beau sanctuaire de Notre-Dame de la Garde.

Nous devions arriver à Marseille à 5 h. 55' du matin, et repartir quinze minutes après. Un manque de correspondance entre les trains et un long stationnement à Cassis, près de la Ciotat, nous y fait arriver à 8 heures, avec arrêt de deux heures en gare. C'est-à-dire un temps largement suffisant pour nous rendre à la colline de la Garde, en voiture, ou plus rapidement encore, à pied, jusqu'au funiculaire hydraulique, à rail crémaillère (basé sur le principe de l'équilibre du contre-poids) qui, de l'extrémité de la rue du Dragon, dépose les voyageurs, en quelques minutes, au sommet de la colline. A leur grande satisfaction, tous nos pèlerins purent se rendre au sanctuaire vénéré, y satisfaire leur dévotion, puis revenir assez tôt pour prendre place dans le train qui allait nous transporter à Nîmes, où notre repas nous attendait au buffet. Cette modification de l'itinéraire avait eu pour conséquence la suppression d'un arrêt à Toulouse. Mais personne ne fut tenté de s'en plaindre : nous avions eu la joie inespérée de nous prosterner aux pieds de la douce Vierge de la Garde et de la remercier de nous avoir ramenés en cette terre française, qui est sienne aussi : *Regnum Galliæ, Regnum Mariæ!*

Partis de Marseille aux clartés d'un beau soleil, qui dès le matin avait salué notre arrivée en France, il nous restait à faire un long trajet, sans arrêt jusqu'à Bordeaux.

Pendant ce trajet, qu'éclairait une belle journée printanière, nous ne pouvions nous lasser d'admirer le sol si riche, si beau, si productif de notre chère France. Les couleurs nationales, que nous voyions par intervalle flotter au vent, ravivaient dans nos cœurs l'amour de la patrie et le culte de son drapeau. Quelques enfants, jouant aux soldats, nous apparurent ; ils tenaient à la main des bouquets de fleurs de couleurs différentes dont ils ornaient leurs coiffures ; ils nous semblèrent symboliser la patrie et représenter la nouvelle génération qui aurait à en assurer l'avenir. Ce spectacle enfantin me donna la pensée de reproduire ici quelques vers tout à fait de circonstance.

LE RETOUR EN FRANCE

Le soleil, le roi des soleils,
Le doux soleil de notre France,
Éclairait les guérets vermeils
Dans l'air saturé d'espérance.

Trois enfants butinaient des fleurs :
Chacun d'eux, parmi les couleurs,
Cueillait la couleur préférée.....
Bientôt sous la voûte azurée

J'entendis leurs éclats de voix :
— Moi, je ne prends, pour cette fois,
Disait gaîment le petit Georges,
Que les coquelicots des orges.

— Et moi, les bluets, dit Bertha.
Le troisième enfant apporta
Une gerbe d'anthémis blanches,
Et les trois gamins, sous les branches,

Commencèrent de grands bouquets,
Où pavots, anthémis, bluets
Chantaient leurs gammes triomphales.....
Chères couleurs nationales :

Bleu, blanc, rouge, trio vainqueur,
Vous fîtes palpiter mon cœur.
La petite troupe fleurie
Me symbolisait la patrie !

Marc ANFOSSI.

Continuant notre route nous revoyons, au passage, des lieux déjà connus et salués par nous, à l'aller : c'est Miramas, Arles, Tarascon, d'où nous envoyons un rapide salut à sainte Marthe; puis Nîmes, où nous nous arrêtons un instant au buffet. Repartis à la fin de la journée, l'obscurité arrive peu à peu, et avec elle un sommeil qui ne prendra fin qu'à Bordeaux, au point du jour.

A l'arrivée, nous aurons parcouru, du 16 avril au 4 mai, mille huit cent quatre-vingts kilomètres en France, et deux mille deux cent soixante-dix-sept en Italie. Au total, quatre mille cent cinquante-sept kilomètres,

BORDEAUX

Vendredi 4 mai, 5 h. 15 matin.

On revoit toujours le sol natal avec une certaine émotion : c'est la patrie bien-aimée, saluons-la du fond du cœur.

O patrie ! ô patrie, ineffable mystère !
Mot sublime et terrible, inconcevable amour.
L'homme n'est-il donc né que pour un coin de terre,
Pour y bâtir son nid, et pour y vivre un jour ?

Alfred DE MUSSET.

CONCLUSIONS

A l'exemple des anciens pèlerins, au retour dans leurs foyers, peut-être devrais-je déposer simplement mon bourdon à l'âtre de ma demeure sans ajouter un mot de plus à mon récit. Mais il est d'usage de témoigner à ses compagnons de route tout le bon souvenir que l'on conserve de leur parfaite urbanité.

Ici, c'est plus qu'un usage, c'est un devoir de reconnaissance et de respectueuse sympathie que j'ai l'honneur d'accomplir en priant chacun de mes co-pèlerins d'agréer l'hommage du plus dévoué de mes souvenirs religieux.

Tout cœur chrétien prie pour ses frères et désire qu'ils prient pour lui ; les apôtres nous ont appris à nous recommander à cet égard les uns aux autres.

Ce don mutuel est dans le monde des âmes une loi de charité.

Mais de plus, chers pèlerins, nous avons tous à accomplir ce devoir de charité envers une âme fervente que Dieu a rappelée à lui peu de jours après notre retour à Bordeaux. **Mlle Vigneau** (Marie-Marguerite) est entrée dans son éternité bienheureuse le 10 mai. Elle avait fait avec nous le pèlerinage jubilaire, elle n'a pas tardé à en recevoir la récompense au ciel. De là, sans doute, elle entendra l'expression de nos regrets.

Lorsqu'une âme quitte la terre pour le ciel, dit Mgr Gerbet, croyez-vous que sa charité soit glacée à jamais parce que son cœur de chair est refroidi par la mort? L'Église a toujours cru que les âmes des justes, dans le ciel, y continuent le ministère qu'elles ont exercé par leurs prières en ce monde.

***

Après le tribut religieux que nous venons de rendre à la mémoire de la fervente pèlerine, notre sœur en Dieu, passée de la Rome terrestre à la Rome céleste, ne vous semble-t-il pas, chers pèlerins, qu'un devoir encore s'impose à nos cœurs chrétiens? Devoir d'une autre nature, mais impérieux cependant.

Nous emportons de Rome le souvenir des

joies immenses que nos cœurs ont goûtées auprès du Chef vénéré de notre sainte Église catholique, apostolique et romaine. Les douces bénédictions du Souverain Pontife sont gravées sur nos fronts. Éternellement notre mémoire gardera le souvenir de la voix auguste de ce Père vénéré, dont les ans ont respecté la majesté. Jamais, enfin, nos âmes ne goûteront de joie plus profonde, plus intense que celle de nous sentir, comme aujourd'hui, les fils soumis et tendrement attachés à la Chaire infaillible du successeur de Pierre, représentant sur la terre de Notre Seigneur Jésus-Christ. Ne devrions-nous donc rien en échange de toutes ces suavités qui ont inondé nos cœurs !...

Auprès de la Confession des Apôtres martyrs, sous ces voûtes sacrées qui ont vu, à genoux, les générations de tant de siècles, nous avons été témoins des acclamations de milliers de fidèles accourus de toutes les parties du monde à la voix du représentant de Dieu. Mais, au milieu du sublime spectacle de cette pompe, avons-nous songé à la réalité des faits... L'éclat de ces fêtes, qui est la manifestation du profond respect que le Souverain Pontife rend à la majesté de Dieu, n'est pas la preuve de son opulence : le vénérable captif du Vatican est pauvre, d'une noble pauvreté poussée jusqu'à l'indigence, jusqu'à la détresse.

Dédaignant fièrement le pain qu'un oppresseur impie lui jetterait comme une injure, il veut tout devoir à la libéralité des fidèles qui assistent, en sa personne, le Vicaire de Jésus-Christ.

Nul, sans doute, parmi les catholiques éclairés, n'ignore l'importance et le but de l'Œuvre du Denier de Saint-Pierre, œuvre sans laquelle le Saint Père ne pourrait subvenir à toutes les dépenses que nécessite le soin matériel des intérêts de la sainte Église, ni réaliser tous les généreux désirs que son cœur pourrait concevoir.

Hélas ! combien de chrétiens ne se rendent pas un compte exact de l'étendue des charges qui pèsent sur le Chef de l'Église ! Combien ne savent pas que les offrandes diminuent à mesure que les besoins factices ou imaginaires augmentent sous l'action du luxe démoralisateur et de l'impiété ambiante.

A nous donc, fils privilégiés de Léon XIII, à nous, heureux pèlerins de Rome, à nous tous, catholiques, qui que nous soyons, le devoir sacré de nous faire les avocats convaincus, les apôtres intrépides, les collecteurs persévérants de l'Œuvre du Denier de Saint-Pierre.

Et s'il était besoin d'arguments plus précis encore, de raisons plus convaincantes pour achever d'émouvoir les volontés hésitantes et donner un nouvel élan à la charité des fidèles (qui n'est cependant ici qu'un acte de justice et une loi dictée par la conscience), nous dirions : le Père de la Catholicité, ce Souverain pacifique d'un empire de deux cents millions d'âmes, a la haute et difficile mission de faire respecter les lois de la morale évangélique dans le monde entier, de maintenir partout les institutions catholiques d'un intérêt général ou particulier, de centraliser les efforts lorsque la patrie des âmes est en danger.

Nous devons donc, nous, catholiques, tenir à honneur d'acquitter, selon l'étendue de nos ressources, la redevance sacrée de l'obole au Denier de Saint-Pierre.

Ce tribut volontaire de nos offrandes est pour Rome, capitale terrestre du royaume de Jésus-Christ, ce qu'est l'impôt pour les gouvernements des nations : une nécessité dont Notre Seigneur Jésus-Christ lui-même nous a fait un devoir, lorsqu'il nous a dit :

« Rendez à César ce qui est à César, et à Dieu ce qui est à Dieu. »

Reddite ergo quæ sunt Cæsaris, Cæsari; et quæ sunt Dei, Deo.

(Saint Mathieu, XXII, 21.)

SURSUM CORDA

Toujours plus haut ! et quoi qu'on dise,
Monte toujours, élève-toi,
Prends pour guide cette devise,
Et pour soutien ta simple foi.

(Maximes chrétiennes.)

LISTE NOMINATIVE des PÈLERINS

PLACÉS

par lettre alphabétique.

Abbé Arné.
Abbé Audebert, curé-doyen.
Mademoiselle Amtmann.

Chanoine Balestard.
Mademoiselle Ballande.
Mademoiselle Ballande.
Madame Barthès.
Mademoiselle Barthès.
Madame Bassié.
Mademoiselle Bassié.
Monsieur Bayle.

Madame Bayle.
Mademoiselle Besombes.
Abbé Beausoleil.
Madame Belloc.
Monseigneur Berbiguier, Directeur.
Abbé Blanc.
Monsieur Bouquin.
Abbé Bouquin, archiprêtre.
Monsieur Georges Bourrec,
Mademoiselle Buchenet.

Madame Caëlle,
Mademoiselle Jehanne de Caillières.
Mademoiselle Marie Caisselier.
Mademoiselle Cambours.
Madame Cameau.
Madame de Camy.
Abbé Castaing, sous-Directeur.
Marquis de Castelnau d'Essenault.
Abbé Cazalas.
Abbé Cazalis.
Abbé Chiron, curé.
Abbé Ciron, aumônier.
Monsieur Louis Clavières.
Monsieur Cluzeaux.

Madame Darcos.
Abbé Darquier, aumônier.
Madame Delamare.

Abbé Delpech.
Madame Deney.
Mademoiselle Élisabeth Dulugat.
Abbé Douat, curé.
Mademoiselle Douat.
Mademoiselle Marguerite Dubois.
Mademoiselle Louise Dubois.
Abbé Ducasse, curé.
Madame Ducos.
Mademoiselle Marie Ducos.
Madame Dupont.
Monsieur Dupuy.
Monsieur Ed. Dupuy.
Mademoiselle Madeleine Dutar.
Mademoiselle Berthe Dutar.

Madame Espagnet.

Madame Faure.
Mademoiselle M. Ferrière.
Mademoiselle Béatrix de Forcade.

Madame de Gastol.
Abbé Gaubert, curé-doyen.
Mademoiselle Gaudin.
Madame Gibert.
Mademoiselle Jeanne Gizard.
Abbé Grauleau, curé.

Madame Hanappier.
Mademoiselle Hébrard.
Monsieur Holagray.
Madame Holagray.

Chanoine Izans.

Monsieur Jonquières.

Mademoiselle H. Kern.
Mademoiselle de Laage.
Monsieur Laboual.
Abbé Lacoste, curé.
Madame Laguë.
Abbé Luguet.
Mademoiselle Lajoux.
Abbé Lombard, curé-doyen.
Mademoiselle Claire de Lamotte-Mondion.
Mademoiselle Th. de Lamotte-Mondion.
Madame Limoge.
Mademoiselle Blanche Limoge.
Madame Landes.
Monsieur Théodore Lataste.
Mademoiselle Lavelage.
Abbé Léglise, curé.
Abbé Lewden, aumônier.

Madame Mangot.
Madame Masson.

Chanoine Mestivier.
Mademoiselle Marie-Louise Mestivier.
Madame Moreau.

Mademoiselle de Pelet-Lautrec.
Mademoiselle Thérèse de Pelet-Lautrec.
Madame Picq.
Mademoiselle Picq.
Abbé Pommier, curé.
Comte de Pontac.
Mademoiselle de Pontac.
Colonel Prévot.
Monsieur Promis.
Madame J. Prouilh.

Abbé Raffin, curé-doyen.
Madame Roche-Galos.
Madame Rousseau.
Madame Rudelle.

M. Saint-Gassies.
Abbé Salles, curé.
Monsieur Soulignac.
Chanoine Sursol.
Mademoiselle Isabelle Sursol.
Mademoiselle Vigneau (décédée).
Madame la chanoinesse de Yrigoyen.

TABLE DES MATIÈRES

Visite du champ de bataille de Castelfidardo. — A 5 h. 28, départ pour Ancône. — Arrivée à Ancône à 6 h. 30. — Parcours de la ville en voiture. — Visite de l'église Saint-Cyriaque, sur le mont Guasco. — Dîner à l'hôtel. — Départ pour Assise à 10 h. 40 du soir. — L'Italie au temps des conquêtes romaines.

Assise. 68

Samedi 21 avril, arrivée à Assise à 3 h. 30 du matin. — Mgr Wisniewski, prélat romain, nous reçoit à la gare du chemin de fer. — Trois kilomètres de montée en voiture pour arriver à Assise. — La Providence protège la caravane. — Halte à l'hôtel, quartier général du pèlerinage. — Messe extra-matinale dans la crypte du Sagro Convento, sur le tombeau de saint François. — Heureux habitants de ces silencieuses campagnes pleines de charme et d'harmonie ! — Visite détaillée de la basilique. — Couvent de Santa Chiara. — Basilique de Notre-Dame des Anges. — La Portioncule. — Indulgence de ce nom. — Départ d'Assise à 3 heures du soir. — Foligno. — Spoleto. — Belle défense de Spoleto par le major irlandais O'Reilly. — Hommage à l'Irlande catholique, amie de la France. — Le Tibre. — Réminiscence de la prise de Rome par les Piémontais, le 20 septembre 1870. — Courte halte à Orte. — Dîner en paquet. — L'Ave Maria du soir dans la campagne romaine. — Rome ! Rome ! Ecco Roma ! 21 avril, 9 h. 45 du soir. — Salut à la Ville Éternelle. — Séparation des pèlerins qui vont prendre gîte dans diverses communautés religieuses. — Les soixante-dix clients de l'Agence Lubin sont transportés à l'hôtel de Milan, place Monte-Citorio. — Vue de la Rome moderne au pouvoir des spoliateurs du Souverain Pontife. Faux éclat de cette prison où la Révolution impie et satanique détient le plus auguste des souverains.

Réception de l'authentique de l'indulgence *in articulo mortis* accordée par le Saint Père, et don de la médaille.— Affluence considérable de pèlerins dans les rues de Rome. — Préparatifs des fêtes de la canonisation du bienheureux Jean-Baptiste de la Salle, à Saint-Pierre.

* * * 143

Célébration du banquet d'adieu offert par les pèlerins bordelais à S. Em. le cardinal Macchi. — Personnages de distinction qui figurent à la table d'honneur. — L'hôtel de Milan enguirlandé. — Le menu des grands jours de fête.— Son Éminence bénit la table et donne le signal d'une gaîté de bon goût et d'un feu croisé de causeries animées et spirituelles. — L'heure des toasts étant arrivée, Mgr Berbiguier en ouvre la série dans des termes d'une parfaite distinction. — Son Éminence, qui manie notre langue avec une grande facilité et un beau choix d'expressions, répond à ce toast et trouve dans son cœur d'affectueuses paroles pour notre patrie, fille aînée de l'Église et pour chacun de nous. Elle termine en nous donnant à nouveau une bénédiction, au nom de Léon XIII, que nous sommes venus vénérer. — Le très humble auteur de ce récit, invité à adresser à Mgr Berbiguier les félicitations des pèlerins sur la haute distinction qu'il a reçue du Saint Père et aussi l'expression de la reconnaissance de tous, s'acquitte de cette honorable mission du mieux qu'il peut. — A la prose succède la poésie, dite avec beaucoup d'art et d'élégance par M. l'abbé Lewden, et, dans un concert improvisé par M. le chanoine Sursol, notre éminent chanteur de la primatiale bordelaise, nous entendons les voix sympathiques de notre schola féminine; puis deux romances sentimentales, dites par M. Sursol, terminent cette belle fête.

SIMILI-GRAVURES

ERRATA A LA LISTE DES PÈLERINS

Page 225 : *lire* **Mesdemoiselles Cameau** *au lieu de* **Madame Cameau.**

Page 226 : *lire* **Mademoiselle de Gastolde** *au lieu de* **Madame de Gastol.**

Page 227 : *placer* **Madame Hébrard** *devant* **Mademoiselle Hébrard.**

Imprimerie Nouvelle Demachy, Pech et Cie, 18-20, rue Gouvion.

BORDEAUX
Imprimerie DEMACHY, PECH et Cie
18-20, rue Gouvion, 18-20

www.ingramcontent.com/pod-product-compliance
Ingram Content Group UK Ltd.
Pitfield, Milton Keynes, MK11 3LW, UK
UKHW022053260726
13993UKWH00001B/89

9 782019 980580